A LUZ DA LUZ

ESPIRITUALIDADE CONSCIENTE

Editora Appris Ltda.
1.ª Edição - Copyright© 2022 do autor
Direitos de Edição Reservados à Editora Appris Ltda.

Nenhuma parte desta obra poderá ser utilizada indevidamente, sem estar de acordo com a Lei nº 9.610/98. Se incorreções forem encontradas, serão de exclusiva responsabilidade de seus organizadores. Foi realizado o Depósito Legal na Fundação Biblioteca Nacional, de acordo com as Leis nos 10.994, de 14/12/2004, e 12.192, de 14/01/2010.

Catalogação na Fonte
Elaborado por: Josefina A. S. Guedes
Bibliotecária CRB 9/870

R821l 2022	Rosinelli, Eduardo Simões A luz da Luz : espiritualidade consciente / Eduardo Simões Rosinelli. 1. ed. - Curitiba: Appris, 2022. 246 p. ; 23 cm. Inclui referências. ISBN 978-65-250-3632-8 1. Espiritualidade. 2. Vida espiritual. 3. Misticismo. I. Título. CDD – 248.2

Livro de acordo com a normalização técnica da ABNT

Appris editora

Editora e Livraria Appris Ltda.
Av. Manoel Ribas, 2265 – Mercês
Curitiba/PR – CEP: 80810-002
Tel. (41) 3156 - 4731
www.editoraappris.com.br

Printed in Brazil
Impresso no Brasil

Eduardo Simões Rosinelli

A LUZ DA LUZ
ESPIRITUALIDADE CONSCIENTE

FICHA TÉCNICA

EDITORIAL	Augusto Vidal de Andrade Coelho
	Sara C. de Andrade Coelho
COMITÊ EDITORIAL	Marli Caetano
	Andréa Barbosa Gouveia (UFPR)
	Jacques de Lima Ferreira (UP)
	Marilda Aparecida Behrens (PUCPR)
	Ana El Achkar (UNIVERSO/RJ)
	Conrado Moreira Mendes (PUC-MG)
	Eliete Correia dos Santos (UEPB)
	Fabiano Santos (UERJ/IESP)
	Francinete Fernandes de Sousa (UEPB)
	Francisco Carlos Duarte (PUCPR)
	Francisco de Assis (Fiam-Faam, SP, Brasil)
	Juliana Reichert Assunção Tonelli (UEL)
	Maria Aparecida Barbosa (USP)
	Maria Helena Zamora (PUC-Rio)
	Maria Margarida de Andrade (Umack)
	Roque Ismael da Costa Güllich (UFFS)
	Toni Reis (UFPR)
	Valdomiro de Oliveira (UFPR)
	Valério Brusamolin (IFPR)
SUPERVISOR DA PRODUÇÃO	Renata Cristina Lopes Miccelli
ASSESSORIA EDITORIAL	Débora Sauaf
REVISÃO	Katine Walmrath
PRODUÇÃO EDITORIAL	Bruna Holmen
DIAGRAMAÇÃO	Bruno Ferreira Nascimento
CAPA	Matheus Andrade

Aos meus pais, Antônio e Márcia. Minha base, minha força, minha Vida.
À minha esposa, Ana Paula, companheira de todos os momentos, incentivadora deste projeto.

Pois em Ti está a fonte da Vida; graças à Tua luz, vemos A Luz.

(Salmos 36:9)

APRESENTAÇÃO

O Mundo Espiritual é amplo, é vasto, e podemos dizer que cada indivíduo compõe sua fé. E é isto que o torna tão interessante: a diversidade! Temos milhares de informações a respeito de um único tema, e a ciência jamais será capaz de explicar de forma clara e precisa o Universo Astral que cerca cada um de nós. Por isso, precisamos de um ponto de partida para poder vivenciar a nossa Fé de forma plena e segura. A Fé inabalável, aquela que dirigirá nossos caminhos.

A intenção desta obra é fazer com que o leitor tenha seus primeiros contatos com informações seguras (por meio de várias vertentes) sobre as Energias Astrais que nos cercam e seus principais componentes. O Conhecimento vai te levar à Sabedoria. A Sabedoria é um dos principais componentes da Sua Evolução; e é para isso que estamos aqui neste mundo. Leia este livro, faça uma leitura crítica, avaliando os pontos e chegando às suas conclusões. Sim, algumas mensagens aqui são controversas, por isso reflita! O meu objetivo é expor você ao conhecimento, mas também o levar à reflexão. Dessa forma você vai avançar a passos largos rumo à sua evolução pessoal e espiritual. Eu quero muito que esta obra seja uma referência, um guia para você seguir o seu caminho de forma plena.

PREFÁCIO

O livro que você tem nas mãos vai lhe mostrar as muitas possibilidades que um ser humano tem para crescer espiritualmente de forma clara. Mostra a visão do autor, sem esconderijos, que se relaciona com os textos sagrados, com curiosidade, respeito e também distanciamento, para não se amarrar mentalmente.

A Bíblia, os Sete Raios, o Irmão Sol e a Irmã Lua fazem parte da simbologia que Eduardo aborda e reflete. Um verdadeiro convite para abrir a mente. O caminho se faz pela curiosidade e pelo estudo das diversas culturas sacras que esse universo apresenta e convida para intuir.

Um fato na vida do Eduardo é claro, a busca por Deus, exposto quando criança ao catolicismo. O Divino nunca foi posto de lado, é como se ele quisesse saber de todas as formas que Ele pudesse se apresentar. É por meio da cor? É por meio dos números? Como Deus se apresenta em cada religião? E ele estudava sobre cada porta que se abria, não ficava na curiosidade; isso faz com que este livro tenha todos os caminhos que Eduardo trilhou.

Conheci Eduardo por meio de um grupo de estudos do livro *Um curso em milagres*, e por isso nos tornamos irmãos. O que é muito curioso é que somos de posicionamentos políticos diferentes. Parece que a gente não ia se encontrar, mas os milagres acontecem, e a razão foi posta de lado. Sabemos que não Somos Um sem amar o próximo, o diferente e o que alguns chamam de inimigo. Vivemos na paz e no amor, literalmente.

Acredito que a vontade que o Eduardo tem de compartilhar desses seus conhecimentos é que você também viva nesta paz plena e neste amor absoluto que ele chama de LUZ.

Regiana Miranda
Professora do Perdão

SUMÁRIO

CAPÍTULO I
EXISTE DESTINO? SIM, EXISTE! 17

CAPÍTULO II
INFORMAÇÕES ÚTEIS SOBRE OS CRISTAIS.......................20

CAPÍTULO III
OS SETE RAIOS E SEUS MESTRES 24

CAPÍTULO IV
FORTE ORAÇÃO PARA AFASTAR A MALDADE....................30

CAPÍTULO V
O FIM DO CALENDÁRIO MAIA 36

CAPÍTULO VI
O CENTRO DA SUA VONTADE 40

CAPÍTULO VII
SUCESSO, 50% TRANSPIRAÇÃO, 50% INSPIRAÇÃO 44

CAPÍTULO VIII
A CHAMA TRINA DE NOSSOS CORAÇÕES 48

CAPÍTULO IX
OS GATOS NO UNIVERSO ESPIRITUAL..........................51

CAPÍTULO X
PROTEÇÃO CONTRA PESSOAS NEGATIVAS......................54

CAPÍTULO XI
ENCOSTO, OS ESPÍRITOS FORA DO CAMINHO 56

CAPÍTULO XII
ALGO SOBRE VIDAS PASSADAS 59

CAPÍTULO XIII
SIMBOLOGIA MÍSTICA E ESOTÉRICA 62

CAPÍTULO XIV
CHAKRAS, NOSSOS PORTAIS DE ENERGIA 71

CAPÍTULO XV
QUEM CULTIVA A ESPIRITUALIDADE É MAIS FELIZ E SAUDÁVEL . 78

CAPÍTULO XVI
A LEI DO RÁDIO, SINTONIZE NA LUZ DIVINA 81

CAPÍTULO XVII
A ENERGIA DAS IMAGENS. 84

CAPÍTULO XVIII
INTUIÇÃO, OUÇA A VOZ DA TUA ALMA 86

CAPÍTULO XIX
A ORAÇÃO DE SÃO FRANCISCO DE ASSIS 93

CAPÍTULO XX
ENERGIA CONCENTRADA (EGRÉGORA) X ENERGIA DISPERSA
(DESPERDÍCIO). 94

CAPÍTULO XXI
A NOVA ERA, A ERA DE AQUÁRIO. 97

CAPÍTULO XXII
MÁS VIBRAÇÕES PODEM PREJUDICAR O FUNCIONAMENTO DO
COMPUTADOR 101

CAPÍTULO XXIII
TUDO POSSO N'AQUELE QUE ME FORTALECE. 103

CAPÍTULO XXIV
A LINHA ESQUERDA, OS EXUS....................................107

CAPÍTULO XXV
ENFRENTANDO O MAL SOZINHO, E VENCENDO!...............112

CAPÍTULO XXVI
O SERMÃO DA MONTANHA, DE JESUS, O CRISTO 117

CAPÍTULO XXVII
DEUS, EM POUCAS PALAVRAS....................................127

CAPÍTULO XXVIII
GEOPATOLOGIA, AS DOENÇAS E A CURA 132

CAPÍTULO XXIX
A ORIGEM E A MAGIA DAS PIRÂMIDES.........................136

CAPÍTULO XXX
MAS, ONDE ENCONTRAR A VERDADE? 142

CAPÍTULO XXXI
AMAI-VOS UNS AOS OUTROS 146

CAPÍTULO XXXII
SOBRE A SUPOSTA TRAIÇÃO DE JUDAS.........................148

CAPÍTULO XXXIII
A ORAÇÃO O AJUDA EM TODOS OS PROBLEMAS, SABIA?......153

CAPÍTULO XXXIV
A FÉ MELHORA A SUA VIDA FINANCEIRA?......................156

CAPÍTULO XXXV
NÃO CULPE A DEUS POR UMA CULPA QUE É SUA..............160

CAPÍTULO XXXVI
A MAIOR VIRTUDE É REALMENTE SABER PERDOAR?...........164

CAPÍTULO XXXVII
MAS, AFINAL, EM QUÊ ACREDITAR?..............................167

CAPÍTULO XXXVIII
POR QUE SE "PRENDER" EM SUA RELIGIÃO?...................172

CAPÍTULO XXXIX
EU EVOLUO, NÓS EVOLUÍMOS, DEUS EVOLUI.................175

CAPÍTULO XL
O CÓDIGO DA VINCI, MERA FICÇÃO?............................178

CAPÍTULO XLI
POR QUE MESMO QUEM TEM FÉ "SE FERRA" TANTO?.........182

CAPÍTULO XLII
RADIESTESIA, A CIÊNCIA POR TRÁS DA MAGIA.................187

CAPÍTULO XLIII
EU SOU CONTRA A BLASFÊMIA....................................190

CAPÍTULO XLIV
A ENERGIA VITAL QUE VIBRA NO UNIVERSO...................192

CAPÍTULO XLV
O TRABALHO CHAMADO "A LUZ DA LUZ".......................194

CAPÍTULO XLVI
SALMOS..197

CAPÍTULO XLVII
AS PRINCIPAIS DATAS COMEMORATIVAS ESPIRITUAIS.........198

CAPÍTULO XLVIII
DICAS SIMPLES, CURTAS E ALEATÓRIAS SOBRE O SEU UNIVERSO..208

REFERÊNCIAS...245

CAPÍTULO I

EXISTE DESTINO? SIM, EXISTE!

Resolvi republicar um texto que considero um dos mais importantes.

Esse texto trata de algo até certo ponto controverso, chamado destino, pois uns acreditam, outros desacreditam.

Tenho um pensamento a respeito daquilo que conhecemos como "destino", e resumi minha visão na imagem e no texto a seguir. Observe bem a imagem e entenda sua mensagem de acordo com os conceitos seguintes.

Sim, todos nós temos um destino inicial e um destino final. O destino inicial chamamos de Nascimento e o destino final chamamos de Morte.

Agora dê uma olhada na figura a seguir. Conseguiu identificar os Rios do Destino? Veja que esses rios atravessam toda a extensão do Campo da Vida, ou seja, por mais diferentes rumos que tomemos em nossa vida (Caminhos Prováveis), alguns fatos fazem parte de nossos destinos e não podem ser mudados, ou evitados.

Conhecer alguém, fazer uma viagem, arrumar um emprego específico, um momento de dificuldade, mudar de cidade, estado ou país. Alguns desses fatos são nossos "Rios do Destino", e por mais diferentes que sejam os caminhos que tomamos, eles ocorrem em algum momento de nossa existência terrena. E não há como fugir, pois esses eventos fazem parte de nossos Destinos.

Para mim, isso é o que chamamos de Destino. Fatos que estão destinados a ocorrer em nossas vidas, e cada qual com sua função. Pode ser por Karma, Aprendizado, Evolução, Lição, Missão, seja lá o que for, mas os Rios do Destino cruzam nossas Vidas para deixar sua marca.

Na figura que mencionei, temos:

- Nascimento: o momento em que encarnamos no mundo material;

- Morte: o momento em que desencarnamos do mundo material. Repare que o momento da morte é imutável, independentemente dos caminhos prováveis que você faz em sua vida. Todos os caminhos convergem para um ponto, e esse ponto é exatamente o momento da partida;

- Caminhos Prováveis: apesar de termos um Destino em nossas vidas, temos também nosso Livre-Arbítrio, o que nos faz aptos a tomar nossas próprias decisões e sermos os donos de nossas vidas. Somos os responsáveis pelos rumos que nossas vidas tomam, e as possibilidades são infinitas dentro de nosso Campo da Vida. Sendo assim, a figura a seguir aparece com várias possibilidades da Vida que traçamos para nós mesmos;

- Rios do Destino: fatos, acontecimentos que estão destinados a acontecer em nossa vida, por mais diferentes rumos que ela tome. Mas, os Rios do Destino são imutáveis e inevitáveis. Está destinado, então, de uma forma ou de outra, aquilo vai acontecer;

- Campo da Vida: infinitas possibilidades que temos de dar um rumo à nossa vida com base em nossas vontades, características, nossos pensamentos, ações, condições etc.

Pois bem, cheguei à conclusão de que podemos tomar infinitos rumos em nossas vidas, mas de nossos destinos jamais podemos escapar!

FIGURA 1 – RIOS DO DESTINO

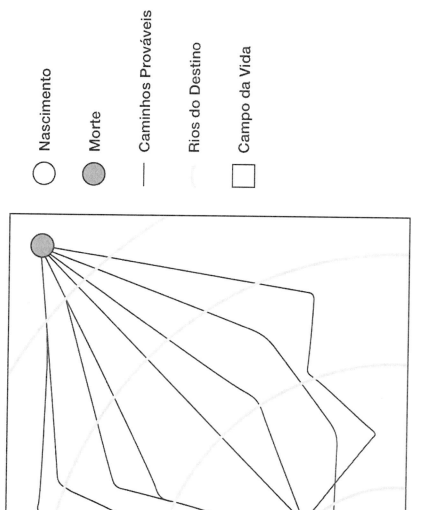

Fonte: Nadia Segecin, Agência Vagalume Cibernético

CAPÍTULO II

INFORMAÇÕES ÚTEIS SOBRE OS CRISTAIS

Tudo no Universo vibra. Qualquer objeto emite uma vibração característica à sua existência no plano físico.

Com os cristais não é diferente. Eles emitem uma energia que é peculiar à sua essência. Essa vibração é inerente à estrutura física dos cristais, e cada qual cumpre seu papel conforme lhe foi destinado pela Natureza.

Existem, basicamente, dois tipos de cristais. Os emissores e os captadores. É mais do que óbvio dizer que os emissores "emitem" energia e os captadores "captam" energia. Porém, as diferenças não param por aí.

Se você pretende usar o poder de um cristal para benefício próprio ou de outro, tenha em mente uma coisa:

- Os emissores são usados para que você absorva as vibrações benéficas que eles emitem para o ambiente, tais como: paz, amor, serenidade, autoestima, ligação espiritual, prosperidade, saúde, entre outros.

- Os captadores são usados para sua proteção e limpeza de energias negativas.

No caso dos cristais emissores, para que tenham o efeito desejado, é necessário que você os sintonize periodicamente. Tocando-os, sentindo-os, olhando e se concentrando neles. O texto "A Lei do Rádio" fala um pouco sobre sintonizar as energias. Esses cristais estão continuamente emitindo a sua energia pura para o ambiente, e cabe a você sintonizá-la, deixá-la fluir sobre o seu Ser e aproveitar em benefício próprio esse presente que a Natureza nos deu.

Lembre-se: para que um cristal emissor tenha efeito sobre você, é necessária a sua atenção periódica para com ele. Não adianta nada deixá-lo em cima de uma mesa ou dentro de uma gaveta e esquecer que ele existe; ele estará ali, vibrando e emitindo energia, só que ela não será captada por você, pois seu "rádio" não estará sintonizado nela. Toque o cristal, sintonize-o e deixe fluir para você toda a energia que ele emite. Só assim esse tipo de cristal terá algum efeito em sua vida.

Já os cristais captadores não necessitam de tanta atenção, sintonia ou concentração, pois a ação deles não se dá diretamente em você, mas sim nas energias densas, pesadas e negativas que se encontram em um ambiente. Esse tipo de cristal pode ser deixado em um canto da casa, ou de um cômodo, que ele cumprirá o seu papel de puxar para si toda e qualquer energia negativa que existir em um ambiente.

Porém, é importante salientar que existem energias negativas conscientes e inconscientes. Eles agem sobre os dois tipos de energia, puxando para si as energias inconscientes e afastando as energias conscientes. Essas energias percebem o campo de atração desses cristais e se afastam da área, pois esse campo causa um grande incômodo a elas. Contudo, esse assunto é delicado e exige um alerta: existem energias negativas conscientes, com um considerável grau de evolução (a Evolução não é um privilégio apenas da Luz) e, dessa forma, elas não se deixam intimidar pelo campo de um cristal captador. Mas, não se preocupe, o cristal é eficaz em mais de 90% dos casos.

Os cristais captadores requerem um tipo de atenção, que é a sua limpeza periódica, com sal grosso e água corrente. Outros métodos eficazes são: banho de mar, de cachoeira ou de chuva forte.

Em qualquer caso, seja um tipo de cristal emissor ou captador, você pode deixá-lo em um ambiente ou carregá-lo junto a você. Nesse último caso, o tamanho do cristal é importante, pois você não vai ficar andando por aí com uma pedra de 4 quilos, né?

Veja agora as propriedades principais de alguns cristais.

Emissores:

Alegria e amor: quartzo rosa

Amizade: turmalina rosa, quartzo rosa, turquesa, amazonita

Amor Espiritual: ametista, quartzo rosa, lápis lazúli

Amor Físico: rubi, pedra da lua, malaquita, rodocrosita, cornalina

Autoestima: ametista

Cansaço mental e físico, estresse: topázio amarelo, turmalina verde

Conexão espiritual (auxilia na): celestina

Cura: todos em tom verde. O verde é a cor da cura física na cromoterapia.

Espiritualidade: ametista, cristal de quartzo, malaquita

Ameniza o estresse e tensão interior: ametista

Harmonização corpo e espírito: ágata

Paz: ametista, água marinha, cristal de quartzo, safira, quartzo rosa

Prosperidade: citrino, topázio, turmalina verde, olho de tigre, pirita

Sabedoria: coral, crisocola, sodalita

Capacidade da memória e motivação: ametista

Saúde: âmbar, amazonita, olho de tigre

Sucesso: amazonita, crisopázio

Captadores

Pensamentos negativos, inveja: azeviche, quartzo cinzento

Proteção e Limpeza: turmalina negra, obsidiana, quartzo fumê, enxofre

Pois bem. Existe muito a se falar sobre cristais, seu poder e seu uso ao longo dos milênios, desde a Atlântida, o antigo Egito, os Astecas, até os dias de hoje. O que foi apresentado aqui é apenas um resumo do resumo, mas já é um excelente início.

Dica 1: o tamanho do campo energético de um cristal é 45 vezes o seu tamanho físico.

Dica 2: existe um cristal "coringa", ou seja, ele pode ser programado para temporariamente exercer o poder de qualquer outro cristal ou pedra existente na natureza. É o Cristal de Quartzo Branco, tão comum em qualquer residência ou mesmo em lojas de artigos esotéricos e religiosos. Para programar um quartzo branco, basta lavá-lo em água corrente e sal, e deixar secar (lavar os resíduos de sal). Em seguida, prenda-o com a palma das duas mãos (uma contra a outra, e o cristal no meio) segurando-o firmemente, e mentalize o cristal em que você quer "transformá-lo", recitando a seguinte frase por pelo menos 9 vezes:

"Eu sou a Ressurreição e a Vida, da programação Divina deste cristal, que agora adquire a vibração em sintonia etérea da força e qualidade do enxofre[1]."

Geralmente, uma programação dessa natureza dura 9 horas. Pode-se recarregar, repetindo o exercício. Após o uso, é interessante desprogramar o cristal, lavando-o com água e sal.

Aproveite ao máximo os benefícios dos cristais, pois eles são um grande presente da Natureza.

---

[1] Enxofre ou qualquer outra pedra de sua preferência.

CAPÍTULO III

OS SETE RAIOS E SEUS MESTRES

Quem trabalha no espiritualismo está sempre desenvolvendo atividades baseadas nos Sete Raios **Cósmicos**.

A **Luz Primordial** irradiada diretamente de **Deus** para o nosso planeta pode ser subdividida (*como um prisma*) em sete partes, cada qual com sua energia peculiar e suas características energéticas básicas, que influenciarão diretamente na vida das pessoas que buscam essa Força.

Os Raios e suas características básicas são:

Azul: Poder, Proteção

Dourado: Sabedoria, Força de Vontade

Rosa: Amor, Fraternidade

Branco: Pureza, Concentração

Verde: Cura, Vitalidade

Rubi: Devoção, Fé

Violeta: Transmutação

Repare em um detalhe interessante: os três primeiros raios cósmicos são os formadores da Chama Trina, que está localizada no chakra cardíaco de cada um de nós.

A utilização dos Raios é fundamental para termos maior eficácia em um trabalho espiritual.

E para utilizá-los, basta imaginar mentalmente (e obviamente com muita FÉ) o Raio vindo do alto e atingindo aquilo que se quer trabalhar.

Alguns exemplos de uso dos Raios:

- Quando trabalhei no Espiritismo e na Umbanda, eu trabalhava justamente na Linha de Cura e sempre utilizava o Raio Verde para poder auxiliar na cura da pessoa que estava ali recebendo a energia. Lançava o Raio Verde por meio da imposição das mãos, bem em cima da parte onde estava se manifestando alguma doença, e assim colaborei para o restabelecimento daquele órgão. Já disse e repito: a medicina tradicional aliada aos trabalhos espirituais realmente pode fazer milagres. Tudo em equilíbrio.

- Em trabalho de limpeza e proteção, chamei pelo Raio Violeta para transmutar as forças negativas que estavam sendo geradas pelo mal "hospedado" em uma casa. Mas, também poderia ter usado o Raio Azul para criar em volta um campo energético de proteção.

- Ao início de uma meditação, é importante imaginar-se banhado na Luz Branca, pois dessa forma você terá melhor concentração e vai se livrar de pensamentos impuros.

Detalhe: pensamentos impuros nada têm a ver com sexo. Quando digo pensamentos impuros, refiro-me a pensamentos de raiva, inveja, egoísmo, entre outros. Vale dizer que, depois de se purificar com a Luz Branca, cabe também se banhar na Luz Rubi, que é a Luz da Fé. Pois meditação e oração sem Fé não têm efeito nenhum.

- Quando você for fazer uma prova ou um trabalho que requer muita dedicação, banhe-se mentalmente na Luz Dourada. Isso vai ajudar muito você na concretização de seus objetivos por meio da ação e sabedoria.

- Em eventos familiares ou quando estiver junto das pessoas que ama, imagine a Luz Rosa fluindo por todo o ambiente e abraçando, e interligando a todos. Isso também funciona quando você vê duas pessoas brigando. Imagine a Luz Rosa ligando os corações dessas pessoas, e em poucos minutos elas param de brigar.

- É importante salientar um efeito do Raio Violeta, pois é o Raio mais difícil de trabalhar e o que requer mais cuidados. Quando usamos o Raio Violeta em nós mesmos ou em outra pessoa, estamos transmutando energias negativas que estavam naquela pessoa (ou em nós mesmos). Porém, essa energia não é transmutada ali, naquele momento. A Luz Violeta leva a energia para um local no Astral Superior, e ali ocorre a verdadeira transmutação. Como a Luz Violeta carrega muito rapidamente essa energia, o local que era ocupado por ela ficará vazio e cria, assim, um buraco na aura da pessoa ou em um dos corpos espirituais, ou onde quer que ela esteja posicionada. Então, preste atenção: logo após utilizar a Luz Violeta em alguém, irradie de imediato sobre a pessoa uma outra Luz para preencher os vazios que ficaram, a fim de impedir que sejam preenchidos novamente por uma energia negativa. É mais comum preenchermos esses buracos com a Luz Azul ou Dourada.

- A nossa mente tem um poder indescritível. Para "chamar" os Raios, basta mentalizá-los com Fé verdadeira, como se você pudesse enxergá-los com seus próprios olhos. Como disse nosso Mestre Jesus, *"Pede com Fé e receberás"*. (Novo Testamento, Mateus: 21:22).

Mentalize os Raios cumprindo o papel deles durante o seu trabalho ou, se preferir, peça diretamente àqueles que são os "Diretores" dos Raios. Conheça-os e os imagine amorosamente emitindo a Luz sobre aquilo que será trabalhado.

Isso mesmo. Cada Raio tem o seu Mestre, também conhecido como _Chohan_ (Senhor) e que trabalha, principalmente, naquilo que conhecemos como **A Grande Fraternidade Branca**. São Eles:

FIGURA 2 – MESTRE EL MORYA[2]

Mestre El Morya – *Chohan* do **1º raio (azul)**, que representa a Vontade de Deus, a Proteção e o Poder Divino.

Corresponde ao Chakra Laríngeo e aos Domingos.

El Morya trabalha há séculos na Evolução do Ser Humano e é o principal responsável pela divulgação dos conhecimentos esotéricos em nosso mundo. Em vida terrena, foi Melchior, um dos Reis Magos.

FIGURA 3 – MESTRE CONFÚCIO[2]

Mestre Confúcio – *Chohan* do **2º raio (dourado)**, que representa a Sabedoria, o Equilíbrio, a Força de Vontade.

Corresponde ao Chakra Coronário e às segundas.

Confúcio é um dos principais propagadores da sabedoria, do amor e da compreensão entre as pessoas. Em vida terrena, foi ele mesmo que viveu na China até o ano 479 a.C., sempre em uma vida de caridade e fraternidade.

FIGURA 4 – MESTRA ROWENA[2]

Mestra Rowena – *Chohan* do **3º raio (rosa)**, que representa o amor incondicional, a beleza e a fraternidade.

Corresponde ao Chakra Cardíaco e às terças.

Rowena é a Mestra da delicadeza, da diplomacia, da beleza pura e natural da alma, e da humildade e da igualdade.

Viveu na Atlântida, onde foi uma intelectual de grandes pesquisas e realizações.

---

[2] Figuras dos Mestres Ascensionados se encontram na mesma fonte. Disponível em: https://mestresascensos777.wordpress.com/. Acesso em: 22 jun. 2022.

FIGURA 5 – MESTRE SERAPIS BEY[2]

Mestre Serapis Bey – *Chohan do 4º raio (branco), que representa a Pureza de sentimentos, a ascensão e a evolução.*

Corresponde ao Chakra Básico e às quartas.

Serapis Bey é o Mestre mentor das almas ascendentes e disciplinador militar das Forças da Luz, da Paz e da Liberdade Cósmica.

Viveu na Atlântida, onde foi Sumo Sacerdote.

FIGURA 6 – MESTRE HILARION[2]

Mestre Hilarion – *Chohan do 5º raio (verde), que representa a Saúde e a Vitalidade Física, além do conceito da Verdade Real, que o homem não conseguiu destruir.*

Corresponde ao Chakra Frontal e às quintas.

Hilarion é o mentor da ciência divina, das ciências físicas e metafísicas e das ciências curativas.

Em vida terrena, foi Paulo, o apóstolo póstumo de Jesus.

FIGURA 7 – MESTRA NADA[2]

Mestra Nada – *Chohan do 6º raio (rubi), que representa a Fé, em seu estado mais puro. O "crer para ver", a Graça Divina.*

Corresponde ao Chakra Plexo Solar e às sextas.

A Mestra Nada nos guia e nos ensina sobre a devoção a Deus, e tem grande trabalho preparando as vibrações que serão primordiais na Era de Aquário.

Em vida, foi uma defensora da Justiça e dos mais fracos e carentes.

FIGURA 8 – MESTRE SAINT GERMAIN[2]

Mestre Saint Germain – *Chohan* do **7º raio (violeta)**, que representa a Transmutação e a Transformação sempre positiva, sempre para o Bem.

Corresponde ao Chakra Esplênico e aos sábados.

Saint Germain é o Mestre Diretor da **Nova Era** e sua principal busca é incentivar a humanidade ao pleno desenvolvimento espiritual, ao ensinamento da Verdadeira Magia da Vida e à Liberdade do Trabalho Cósmico.

Em vida, foi o Faraó Amenophis IV, José (pai de Jesus) e o próprio Conde Saint Germain, enigmático personagem que foi uma das forças por trás do movimento que culminou na Revolução Francesa. Era dotado de poderes incomuns, com uma aparência sempre jovem ao longo de mais de um século.

Pois bem, esses são os *Chohans* dos Sete Raios. São seres extremamente iluminados e que trabalham para o Bem Maior da Humanidade.

O assunto principal deste texto é exatamente os **"Sete Raios Cósmicos"**, porém, não dá para explicá-los sem pelo menos citar os seus Mestres.

Cada pessoa tem um raio predominante. Mas, descobrir qual Raio é predominante em você não é uma tarefa fácil. Dizem que a data de nascimento da pessoa determina o seu raio. Eu, particularmente, discordo disso. Creio que existem muitas outras variáveis materiais, etéreas, mentais e cármicas que podem fazer com que um Raio seja ou não determinante em uma pessoa.

Uma vez, em um trabalho espiritual, uma entidade incorporada disse que meu Raio é o Azul, o que realmente era uma verdade. Mas, hoje em dia, já não sei mais, pois os Raios mudam sistematicamente para que você viva a Energia de todos eles. É o processo da Evolução, sempre em movimento.

Não se preocupe em saber qual o seu Raio. Preocupe-se apenas em saber o que cada um faz e como ele poderá ajudá-lo e ajudar aqueles que o cercam. E conte sempre com a ajuda dos Mestres.

CAPÍTULO IV

FORTE ORAÇÃO PARA AFASTAR A MALDADE

Neste texto, quero comentar algo que aflige grande parte das pessoas e causa muita angústia e sofrimento.

Quero, em especial, ajudar quem já foi vítima da maldade ocasionada por pessoas de baixa índole, de baixa vibração. Pessoas movidas pela inveja, pelo egoísmo, pela ganância e, principalmente, pela falta de Amor e de DEUS no coração e na alma.

Por incrível que pareça, uma considerável parcela da população apresenta esses "atributos" tão indignos. Cabe a nós afastar o mal inerente a esses seres, que um dia colherão o que plantaram. E a colheita será terrivelmente amarga.

Pois bem, algumas coisas "desagradáveis" ocorrem em nossas vidas, por karma, evolução, missão, alinhamento de vida, entre outras razões naturais, materiais e até mesmo Divinas. Porém, existem outras situações ruins que podem ocorrer por outro fator alheio às nossas vontades ou às do Universo. Ocorrem pela pura maldade humana.

Em nosso mundo, existem pessoas realmente más que fazem de tudo para prejudicar alguém. E fazem no plano material e também no plano espiritual, o que é muito pior.

Quem nunca ouviu falar de trabalhos de magia , realizados com o intuito de prejudicar alguém? Garanto que 90% desses trabalhos são movidos por um único sentimento: a inveja. Ou mesmo outros tipos de baixa vibração que certas pessoas lançam em direção a outras, a fim de prejudicá-las de alguma forma. Algumas conseguem gargalhar ante o infortúnio alheio. Acredita?

E é contra esse tipo de situação que a gente vai lutar agora.

Aviso: aquele que está sempre próximo às vibrações Divinas, que tem Fé absoluta no poder e proteção de Deus, que está sempre com pensamentos absolutamente positivos, NUNCA será atingido por esse tipo de vibração emanada por seres inferiores. ORAI E VIGIAI!

Agora vou ensinar uma oração muito poderosa e eficaz contra esse tipo de energia maléfica.

Essa Oração eu fiz misturando alguns Salmos da Bíblia. Um pouco de cada!

Os Salmos emanam uma força descomunal que provém diretamente de Deus Pai Todo Poderoso.

Ao ler e orar os Salmos, invocamos diretamente o Poder Divino sobre nossas Vidas.

E não existe nada no Universo que possa com uma ínfima fração desse Poder Infinito.

E além de ajudar contra a maldade de alguém, também ajuda a nos livrarmos de situações difíceis. Invoca o auxílio de Deus para situações que fugiram de nosso controle.

Leia atentamente e tente entender o significado desta poderosa Oração.

Veja como se faz. Pegue a Bíblia e ore os versículos dos Salmos indicados a seguir, na exata ordem que eu vou passar agora:

Salmos 70: Versículo 1

Salmos 69: Versículos 1, 2, 14, 15, 16,

*

Salmos 69: 18

Salmos 71: 4

Salmos 69: 19

Salmos 70: 2, 3

Salmos 69: 23, 24

*

Salmos 3: 6,

Salmos 118: 6, 7, 8

Salmos 70: 4

Salmos 71: 20, 21

Salmos 69: 30, 32

Salmos 70: 5

Salmos 69: 33, 34

*

Que assim seja, pela Tua Infinita e Eterna Glória e Salvação. Amém.

Obs.: na oração a seguir, existem frases "aleatórias" que não pertencem a nenhum Salmo, mas que achei por bem colocar ali. Elas estão representadas com um *.

Veja agora como ficou:

Apressa-te, ó Deus, em me livrar; Senhor, apressa-te em ajudar-me.

Livra-me, ó Deus, pois as águas entraram até a minha alma.

Atolei-me em profundo lamaçal, onde não se pode estar em pé. Entrei na profundeza das águas onde a corrente me leva.

Tira-me do lamaçal e não me deixes atolar. Seja eu livre dos que me aborrecem e das profundezas das águas.

Não me leve a corrente das águas e não me sorva o abismo, nem o poço cerre a sua boca sobre mim.

Ouve-me, Senhor, pois boa é a tua misericórdia. Olha para mim, segundo a tua muitíssima piedade.

*Pois basta uma Palavra sua, oh Senhor, para livrar-me deste infortúnio. Conceda-me, Senhor meu Deus, esta Palavra.

Aproxima-te da minha alma e resgata-a. Livra-me da causa dos meus inimigos.

Livra-me, meu Deus, das mãos do ímpio, das mãos da pessoa injusta e cruel.

Bem conheces a minha afronta, a minha vergonha e a minha confusão. Diante de Ti, Senhor, estão todos os meus adversários.

Fiquem envergonhados e confundidos os que procuram a minha alma. Tornem atrás e confundam-se os que me desejam mal.

Que voltem as costas cobertos de vergonha, o que dizem: bem feito, bem feito!

Que escureçam-lhes os olhos para que não me vejam e faz com que seus lombos tremam constantemente.

Derrama sobre eles a Tua indignação e prende-os ao ardor da Tua ira.

*Que a maldade que emanam recaia sobre eles próprios e a ninguém mais.

E não temerei dez milhares de pessoas que se puseram contra mim, ao meu redor.

Pois o Senhor está comigo. Não temerei o que me pode fazer o homem.

O Senhor está comigo entre aqueles que me ajudam; pelo que verei cumprido o meu desejo, sobre os que me aborrecem.

É melhor confiar no Senhor do que confiar no homem.

Porém, Senhor, que folguem e alegrem-se em Ti todos os que te buscam. E aqueles que amam a Tua Salvação digam continuamente: engrandecido seja Deus.

Tu, Senhor, que tens me feito ver muitos males e angústias, me darás ainda a Vida e me tirarás dos abismos da Terra.

Aumentarás a minha Grandeza e de novo me consolarás.

E louvarei o nome de Deus com cântico e embrandecê-lo-ei com Ação de Graças, hoje e para todo o sempre, Senhor.

Os justos verão isto e se agradarão; o vosso coração viverá, pois que buscais a Deus.

Porém, ó Pai, eu estou agora aflito e necessitado. Apressa-te por mim, ó Deus. Tu é o meu Auxílio e o meu Libertador. Senhor, não Te detenhas!

Porque o Senhor ouve os necessitados e não despreza os seus cativos.

E que O louvem os céus, a terra e os mares. E tudo quanto neles se move.

*Bem-aventurados todos aqueles que em Ti confiam.

Que assim seja, pela Tua Infinita e Eterna Glória e Salvação. Amém.

Veja que essa oração age em três frentes distintas:

- Pede ajuda e auxílio nas suas dificuldades.
- Pede que a maldade alheia não tenha ação sobre você e que a pessoa má sofra com as consequências de seus próprios atos.
- Reitera a Fé e a Gratidão a Deus e seu infinito Poder.

Creio ser importante fazer essa oração regularmente. Porém, algumas pessoas comentam que estão sendo vítimas de alguma maldade imposta por terceiros e que isso está afetando o seu dia a dia. Nesse caso, posso recomendar o que fiz certa vez e que para mim, pelo menos, o resultado foi bem satisfatório.

Vá até uma igreja ou outro local de sua Fé. Tem de ser um local onde você possa acender uma vela de sete dias.

Acenda a vela e faça as seguintes orações, com toda a Fé e Certeza de seu coração e de sua alma:

- Os Salmos 5, versículos de 1 a 3 (para "abrir" o canal de comunicação entre você e a Luz Divina);
- Pai-Nosso (oração ensinada por Cristo e, sendo assim, essencial em qualquer trabalho);
- O Credo (para reforçar sua Fé em Deus);
- A Oração que passei anteriormente;
- Agradeça... de coração!

Ok, no primeiro dia, você foi à igreja, acendeu a vela de sete dias e fez essas orações. Agora repita as orações por mais seis dias, ou seja, o período em que a vela estará acesa. Não precisa ir à igreja novamente, pode fazer na sua casa mesmo. Mas, é importante fazer por pelo menos sete dias ininterruptamente. É certo, isso vai ajudar você.

Essa ação não leva mais que 30 minutos por dia. Aproveite intensamente esse breve e maravilhoso momento de sua Vida. Que esse breve mas intenso momento faça toda a diferença, para que sua vida seja carregada de Graças e Proteção.

Essas ações, pensamentos e vibrações vão ajudá-lo intensamente a se livrar de emanações indesejadas da inveja e da maldade alheias. Cobrir-te-ão com uma forte proteção para você poder seguir com sua vida sem esse tipo de interferência. "Vá em Paz, a tua Fé te salvou."

CAPÍTULO V

O FIM DO CALENDÁRIO MAIA

(Escrito em 30 de setembro de 2012, 82 dias antes de 21 de dezembro de 2012)

Antes de iniciar esta leitura, saiba que:

Este texto contém informações não confirmadas cientificamente, mas indica conceitos recebidos de "Fontes" fora deste Plano e compilados em uma única linha de informação.

Caso tenha optado por seguir em frente, faça a leitura crítica e perceba você mesmo a veracidade ou não de cada informação passada.

Não vou discutir as informações transmitidas pelas Fontes (que não serão reveladas). São as "hipóteses" que considero as mais prováveis, e as retransmito de acordo com minhas considerações pessoais.

Pois bem, estamos há 82 dias do fim do Calendário Maia, uma data temida por muitos, um mistério que só será (parcialmente) revelado no dia 22 de dezembro de 2012... se é que me entendem...

O fim do Calendário Maia está chegando! E agora?

E agora... NADA!! Melhor dizendo, "quase" nada, pelo menos em curto prazo.

Se você está esperando o Fim do Mundo, grandes catástrofes, destruições, extinção em massa de seres vivos, esqueça! Nada disso vai acontecer no dia 21 de dezembro.

Uma hipótese bastante provável, que comento no texto "A Nova Era, a Era de Aquário", é a de que essa data marcará o fim da transição da Era de Peixes para a Era de Aquário. De acordo com essa teoria, a transição iniciou-se na década de 1950 e está findando em 21 de dezembro de 2012. Ou seja, em 22 de dezembro de 2012, estaremos oficialmente na Era de Aquário. Quem quiser saber mais a respeito, neste livro encontra-se o referido texto sobre a Nova Era.

Porém, o final dessa transição também marca outro evento de enorme magnitude, mas que terá uma ação efetiva de forma muito gradativa e a longo prazo.

Aqueles que creem que "existem mais mistérios entre o Céu e a Terra do que possa julgar nossa vã filosofia" (William Shakespeare, 1602), sabem que existem energias e ações que atuam em Nível Sutil em nosso Universo. São ocorrências não comprovadas cientificamente, mas que alguns de nós sabem que existem, que têm forte atuação, e que todas provêm de uma Fonte Consciente... novamente, se é que me entendem...

E já que sabemos que essas energias existem, sabemos também que nosso Planeta trilha um outro Caminho, além do caminho de rotação no campo da Astronomia.

Assim sendo, esse evento é um desvio no Caminho Energético do Planeta, algo próximo a 03° 32' 55" (dado não comprovado, que não poderia ser medido por instrumentação conhecida em nossa Civilização. Mas, o desvio ocorrerá!).

Esse desvio é crucial para mudarmos a trajetória que nosso mundo está tomando. É crucial para que a Força da Era de Aquário seja ativada em toda a humanidade, de forma gradual. Ou seja, no dia 21 de dezembro, assim que ocorrer o desvio, algumas pessoas já sentirão de imediato os seus efeitos. São seres encarnados de grande sensibilidade espiritual e que entrarão em ressonância imediata com a nova vibração "pós-evento". Creio eu que não mais do que 800 pessoas no mundo todo sofrerão essa interferência inicial.

Veja, esse desvio que marca o início da Era de Aquário traz consigo toda a vibração dessa Nova Era, que será marcada pela conscientização do Indivíduo. Uma consciência de Amor e Fraternidade, com uma ligação maior entre seu corpo material e as Forças Superiores que regem o Universo.

E assim sendo, essas 800 pessoas imediatamente "atingidas" pelo desvio passarão a vibrar essa nova sintonia, que irá atingir mais 800 pessoas, e mais 800, e mais 1.000 e mais 5.000... e assim por diante, até que cada ser vivo esteja em Sintonia com essa nova Energia, trazendo efetivamente um Mundo Melhor. Não será o Mundo Perfeito, mas será um Mundo Melhor... esse é o futuro.

Porém, esse processo levará séculos para ser totalmente concretizado, pois a mudança das vibrações não vai se dar de forma imediata, mas, sim, gradativa — exceto para os 800 iniciais que já sentirão o forte baque da mudança e que saberão o que fazer.

Em relação aos demais habitantes, a nova sintonia vai acontecer de forma gradual e demorada. Quanto mais distante energeticamente dos "800 originais", mais demorada será a mudança de vibração.

Peço agora que analise a imagem a seguir. Ela é apenas uma ilustração do desvio que vai ocorrer em 21 de dezembro, traçando um comparativo com um "mundo paralelo" em que tal desvio não teria ocorrido e trazendo como resultado final, aí sim, o fim do mundo para o ano de 3723.

Perceba na ilustração os caminhos percorridos pelos "dois mundos" e veja que o distanciamento é gradual no decorrer dos anos, dos séculos. Quanto mais o tempo passa, mais a Nova Energia estará atuando, conforme as "colunas ilustrativas" colocadas entre os dois caminhos.

Portanto, nada de catástrofes e fim do mundo. O que irá ocorrer é o início do Caminho para chegarmos à Era de Capricórnio muito melhor do que chegamos à Era de Aquário. Tudo de forma gradativa, respeitando a Missão Fundamental deste Planeta, que é resgatar, iluminar e evoluir cada Centelha Divina que por ele passa; de uma forma ou de outra.

Outro ponto importante a salientar é que os Maias nunca citaram "o fim do Mundo". Apenas encerraram um calendário em uma data específica, sinalizando o fim de uma Era. Apenas isso.

FIGURA 9 – DESVIO DA NOVA ERA

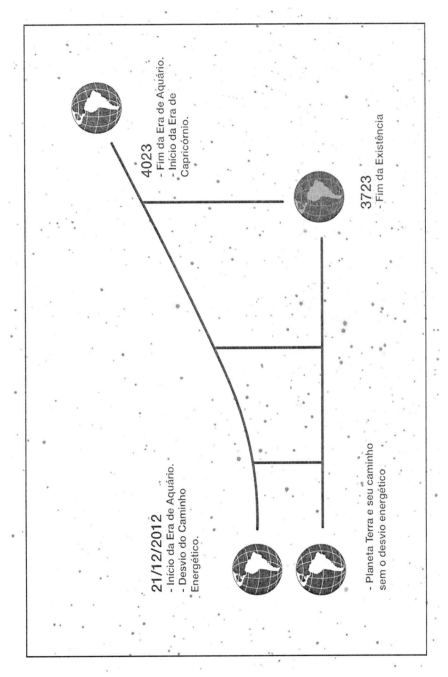

Fonte: Nadia Segecin, Agência Vagalume Cibernético

CAPÍTULO VI

O CENTRO DA SUA VONTADE

Eu gostaria de comentar a respeito de um *e-mail* que recebi há um tempo. Achei bastante interessante o que estava escrito. Peguei uma Bíblia e fui conferir as informações. E elas estavam corretas.

Vamos primeiro ler o teor do *e-mail*, e logo em seguida, farei alguns comentários a respeito.

£££

O CENTRO DA BÍBLIA é algo estranho e curioso.

Ainda que não seja religioso, convém que você leia isso:

Qual é o capítulo mais curto da Bíblia?

Salmos 117.

Qual o capítulo mais longo da Bíblia?

Salmos 119.

Qual o capítulo que está no centro da Bíblia?

Há 594 capítulos antes dos Salmos 118.

Há 594 capítulos depois dos Salmos 118.

Se somar esses dois números, totalizam 1.188.

Qual é o versículo que está no centro da Bíblia?

Salmos 118: 8.

Esse versículo diz algo importante sobre a Perfeita vontade de Deus para nossas vidas.

A próxima vez que alguém te disser que deseja conhecer a vontade de Deus para sua vida e que deseja estar no centro da Sua Vontade, indique a ele o centro de Sua Palavra:

Salmos 118: 8: "Melhor é colocar sua confiança no Senhor teu Deus que confiar nos homens".

Agora, diga, seria uma casualidade isso? Ou estaria Deus no centro da Bíblia?

Sendo assim, faça uma oração por você! Tens um minuto? Tudo o que tem que fazer é dizer uma breve oração:

"Pai, abençoe as nossas vidas segundo sejam nossas necessidades no dia de hoje. Permita que nossa vida esteja cheia de paz, prosperidade enquanto nos acercamos cada vez mais de Vós. Amém."

Por último espera para ver o poder de Deus se manifestando em sua vida como consequência de haver feito o que Ele mais admira em sua criação. Deus te abençoe hoje e sempre!

£££

Pois bem, esse foi o texto. Numerologicamente falando, reduzindo-se o número 1.188, chegamos ao algarismo 9. Como muitos sabem, esse número é fortemente ligado ao nosso Mestre Jesus, além de outros significados bastante peculiares às ciências místicas.

O "jogo de números" envolvendo esses Salmos não é uma mera casualidade.

Creio realmente que o texto contém uma Grande Verdade, que a princípio estaria oculta dentro da Bíblia.

Aliás, diga-se de passagem, praticamente todos os livros baseados nas antigas escrituras carregam mensagens implícitas, que, se bem decifradas, trarão a nós muito entendimento a respeito da VIDA.

Isso ocorre, pois só conhecerá a Verdade aquele que A busca sem preconceitos, lendo nas entrelinhas das mensagens; aquele que eleva os seus pensamentos e amplia sua "visão periférica" de modo a visualizar o TODO; aquele que se permite pensar e refletir; aquele que não se limita apenas a ler, mas percebe realmente o que ali está escrito; aquele que tem a coragem de indagar, pensar, refletir e discordar sempre que achar que o que está escrito não condiz com os seus próprios sentimentos; aquele que busca o conhecimento, sem dogmas pré-formatados.

Ler, pura e simplesmente, é fácil. Mas, a leitura básica das mensagens leva apenas a uma pequena percentagem do Real Conhecimento que ali está embutido.

Amplie sua capacidade de pensar.

Use a leitura apenas como um ponto de partida para as reais reflexões que a sabedoria inata do seu SER irá lhe proporcionar.

Mudando agora o foco do texto, vemos que o Centro da Bíblia traz a real vontade de Deus para a sua criação.

E essa vontade é:

<u>CONFIE EM MIM!</u>

Essas três palavras e todo o contexto no qual elas estão embutidas me trazem uma PAZ muito grande. Sim, podemos e devemos confiar Nele, incondicionalmente. Com muita Fé e certos de que essa confiança nos trará muitos benefícios em toda a nossa Vida.

Todos nós já passamos (e/ou continuamos a passar) por momentos muito difíceis.

Citando meu exemplo pessoal, é justamente nesses momentos que mais nos aproximamos de Deus. Não é verdade? E é nessa aproximação que Ele nos mostra sua Força.

Foi devido à minha Fé que passei por muitas situações difíceis, sem entrar em desespero, sem deixar de dormir à noite. Pois, apesar de todos os revezes, sempre tive uma coisa em mente: "Não se preocupe. Vai dar tudo certo, confie em Mim". E no final, tudo acabou dando certo mesmo.

E os motivos de "preocupação" hoje em dia serão motivo de "aprendizado" amanhã, mesmo porque eu sei que tudo vai dar certo no final. E não estou sofrendo nenhum processo "insano/ilusório"! Eu apenas confio Nele!

Exemplo: há um tempo, eu estava passando por um momento difícil que estava me trazendo preocupação. Mas, no meu modo de pensar, sabia que iria resolver tudo aquilo.

Um belo dia, estava eu indo de carro para a casa de um amigo, em cujo endereço já tinha ido várias vezes e sabia de cor o caminho. Porém, nesse dia eu ERREI o percurso e tive de fazer uma volta grande para retomar o caminho correto. É claro que xinguei por ter errado um trajeto tão conhecido. Mas, no meio desse caminho "errado", um fato ocorreu que me levou à solução do problema. E devido a esse fato, o problema foi resolvido. Pergunto: errar o caminho foi um acaso? Creio que não!

Eu errei o caminho, pois sempre tive FÉ, e essa FÉ me ajudou a resolver um problema. Meus pensamentos, mesmo numa adversidade, foram positivos, e isso foi fundamental para a resolução do problema.

Aqueles que lançam uma visão negativa sobre tudo estarão sempre navegando pelos mares da negatividade. E acabarão se afundando mais e mais.

Com isso, três coisas são importantes de ressaltar:

- Se o seu corpo é formado por aquilo que você come, seu SER é formado por aquilo que você pensa. Você É o que você pensa ser!

- Só sai do lugar aquele que se move. Não espere as coisas acontecerem, tendo Fé, deitado no sofá.

- Seja positivo nas piores adversidades. É difícil, mas quando algo é difícil, deixa de ser impossível.

Para finalizar, o texto diz: confie em Deus acima dos homens. Isso é mais do que correto. Pois se alguém o ajudou, foi porque Deus colocou aquela pessoa no seu caminho.

CAPÍTULO VII

SUCESSO, 50% TRANSPIRAÇÃO, 50% INSPIRAÇÃO

Tomei a decisão de escrever este texto depois da leitura do livro *As sete leis espirituais do sucesso*, do autor Deepak Chopra. Neste texto, citarei trechos desse livro, cuja leitura recomendo a vocês. Esse livro abala o mito de que o sucesso é resultado apenas de muito trabalho físico, de planos precisos e de ambição dirigida. Segundo o autor, se soubermos compreender nossa verdadeira natureza e soubermos viver em harmonia com as Leis Naturais e Espirituais, a sensação de bem-estar, de entusiasmo pela vida e a abundância material surgirão de forma mais absoluta, plena e natural.

Todos aqui já ouviram a frase: "Para se ter sucesso na vida, é necessário 99% de transpiração, 1% de Inspiração". Pois eu vim aqui discordar dessa máxima. O Sucesso que você terá será justamente devido a um equilíbrio entre Trabalho Material e Trabalho Astral.

Vivemos na matéria, mas temos dentro de nossa Essência o nosso Eu Interior, além da Chama Divina que "queima" dentro de cada um de nós.

O Eu Interior, resumidamente falando, é o nosso Corpo Astral, é a nossa Base Vibratória, é o "Eu" que viveu muitas vidas materiais no passado, vive o Hoje no presente e viverá outras tantas vidas no futuro. É a Consciência Pura de Natureza Divina e Infinita, que carregamos por toda nossa existência, material ou astral.

Para tanto, esse "Eu" tem de ser alimentado de matéria e vibrações. Assim como ele recebe vibrações, ele também as emite. E é justamente sobre esse aspecto (matéria e vibrações) que vamos discorrer a seguir.

Todo o trabalho remete a uma ação. Mas, quem disse que essa ação deve ser apenas física? Quais resultados podemos atingir, se, além das ações físicas, praticarmos também as ações astrais, baseadas em energia e vibração?

Tomemos o exemplo de um trabalhador na área de vendas. Ele sai de casa, vestindo a melhor roupa, torna-se fisicamente apresentável e tem a lábia adequada, tomando todas as precauções físicas para o atingimento de suas metas. Conseguirá? Não sabemos, ninguém sabe até que o dia termine, pois vivemos sempre a vida da incerteza. Não sabemos como estarão nossas vidas dentro dos próximos 10 minutos. A gente até imagina, mas nunca teremos a plena certeza do que ocorrerá em 10 minutos, quanto mais em 10 horas. Ele trabalhou muito, teve 99% de transpiração e pode, sim, ter tido sucesso, quem sabe?

Mas, vamos colocar um ingrediente especial nesse dia: antes de sair, ele fez uma Oração. Antes de sair, ele mentalizou o seu sucesso. Antes de sair, ele elevou seus pensamentos, colocando foco no seu objetivo e pedindo graças e bênçãos para que tudo transcorresse bem no seu dia e que seus objetivos fossem plenamente alcançados. Durante o dia, ele vibrou em Alto Astral, atraiu para si a prosperidade e o sucesso de cada venda concretizada com êxito. Ele buscou atrair para si, de forma energética, a proximidade com os melhores compradores. Ele vibrou o seu sucesso! Ele teve 50% de Inspiração.

E então: como terá sido o seu resultado? Também não sabemos, mas uma coisa eu posso dizer com absoluta certeza: esse profissional teve muito mais chances de êxito, atraindo para sua vida esse ingrediente especial.

Pois, apesar de vivermos em um Mundo Físico, estamos rodeados de Energia Astral. Energia essa que atua em nossas vidas. Nossas ações conduzem nossas vidas, mas nossas vibrações também, talvez de forma até mais efetiva. Experimente praticar várias ações estando sempre de baixo astral, com baixa energia. Garanto que você terá mais sucesso praticando poucas ações estando sempre com a vibração em Alta.

Em tudo o que você praticar, seja no trabalho, ou em qualquer outro momento da sua vida, coloque 50% de transpiração, 50% de inspiração. Será esse equilíbrio que fará com que você obtenha o sucesso de forma mais plena e concreta, nada temporário ou efêmero. Lembre-se de seus objetivos materiais, mas se lembre do seu "Eu Interior", que está aí para tornar sua existência completa.

E quando digo "Sucesso", não quero dizer apenas coisas relativas a carreira e dinheiro. O Sucesso é um termo muito mais amplo, que remete acima de tudo a Paz de Espírito!

Trabalhe com a cabeça e os braços, mas trabalhe também com a mente e a Alma. Tenha objetivos e mostre-os ao Universo por meio da manifestação mental de seus desejos. E o Universo responder-lhe-á de acordo com os seus anseios. Faça uma lista de todos os seus desejos e a carregue consigo para todos os lugares. Olhe para ela regularmente, ou antes de entrar em silêncio e meditação. Olhe antes de adormecer e depois de acordar. Trabalhe na Terra e nos Céus, cada objetivo que você escreveu e está mentalizando. E suas chances serão maiores de concretizá-los, aguardando pacientemente a hora certa dessa ocorrência.

Tenha o seguinte foco: "50% de Transpiração, 50% de Inspiração".

Para finalizar, vou transcrever a seguir um trecho do livro citado. O trecho encontra-se na página 32 da 21ª edição. Perceba como tudo é Energia!!

"A melhor maneira de aplicar a Lei da Doação — de começar o processo de circulação de energia — é de decidir que a qualquer momento você vai entrar em contato com outra pessoa, dando a ela alguma coisa.

Não é preciso que sejam coisas materiais. Pode ser uma flor, um elogio, uma oração. Na verdade, as formas mais poderosas de dar são imateriais. As dádivas de um carinho, atenção, afeto, apreço, amor, são as mais preciosas e não custam nada. Quando você encontrar alguém, ofereça-lhe uma bênção silenciosa, deseje felicidade, contentamento, alegrias. Esses presentes silenciosos são poderosos." (CHOPRA, 1998, p.32).

FIGURA 10 – GORDON B. HINCKLEY[3]

---

[3] Disponível em: https://m.facebook.com/Assembleianosdevalor/posts/660691851336130/. Acesso em: 22 jun. 2022.

CAPÍTULO VIII

A CHAMA TRINA DE NOSSOS CORAÇÕES

Todos nós nascemos dotados de centros energéticos em nosso corpo. Geralmente, chamamos esses centros de "Chakras". Pois bem, quero falar, então, de um outro centro energético bastante peculiar denominado "CHAMA TRINA".

A Chama Trina é um foco de energia que é irradiado a partir do centro de nosso coração.

Se você já ouviu falar em "Centelha Divina", essa Chama é justamente a Centelha Divina com que somos presenteados no momento de nossa concepção astral.

Deus nos presenteia com uma pequena porção de sua Luz (Mental, Espiritual), colocando em nosso SER a sua "Centelha Divina", o que para nós é a "Chama Trina de nosso coração".

Sendo assim, a Chama Trina é a Força Divina ardendo em nosso Ser.

Para alguns, essa Chama é mais forte. Para outros, mais fraca. Não se trata de um ser melhor do que outro. Trata-se apenas de uma questão de "cultivo".

A Chama Trina é formada por três raios distintos, cada qual de uma cor e com um significado específico. Essa Chama contém os atributos dos TRÊS PRIMEIROS RAIOS CÓSMICOS (os básicos), e é a partir deles que todos os outros Raios derivam (vide capítulo sobre os Sete Raios).

- O Raio Azul representa o Poder e a Força Divina;
- O Raio Dourado (central) representa a Sabedoria e a Iluminação Divina;
- O Raio Rosa representa o Puro e Incondicional Amor Divino.

A Chama Trina nos acompanha, enquanto corpo e enquanto espírito, por toda a nossa existência. Por mais que alguém possa praticar o mal, a chama permanece sempre presente no coração desse ser, pois sem ela não há vida (material ou não).

No "Universo Não Material", essa Chama faz parte do espírito, ou seja, a "ESSÊNCIA" da pessoa, sua LUZ e seu SER, carregando dentro de si a Centelha Divina do Criador.

Quando encarnamos, o espírito se divide em Alma e Centelha Divina (a Chama Trina), e elas ocupam posições definidas em nosso corpo. A alma é dirigida ao nosso cérebro e a Chama Trina, ao nosso coração. Não é à toa que a cabeça e o coração são os pontos mais vitais de nosso corpo. Esse assunto é mais complexo e envolve também nossos corpos sutis. Mas, por ora, vamos nos limitar a esses dois pontos.

É importante salientar que podemos expandir essa chama que habita no nosso coração, irradiando os atributos dos três Raios. Do Poder (FÉ), do amor e da sabedoria. Expandindo essa Chama no coração, estaremos expandindo as Qualidades Divinas em nossas vidas.

Conforme já comentei, a Chama é pequena na maioria dos seres. Não passa de uns poucos milímetros de altura. Mas, ao expandi-la, podemos torná-la tão grande quanto a nossa própria estatura.

E para que possamos expandir essa chama, temos de mentalizar os três Raios, senti-los vibrar para fora do nosso corpo, irradiando pelo ambiente.

Porém, mentalizar não é o bastante. Temos também de AGIR de acordo com o significado dos Raios. Agir com base em nossa Fé em Deus, agir com sabedoria e carregar dentro de nós mesmos o sentimento do Amor.

Cuidemos, então, de nosso corpo, de nossa alma e de nossa Centelha Divina. Pode acreditar. Seremos mais felizes, mais completos, mais sábios e mais protegidos ao fazer brilhar cada vez mais forte a CHAMA TRINA DE NOSSO CORAÇÃO.

FIGURA 12 – CHAMA TRINA DE JESUS[5]

FIGURA 11 – CHAMA TRINA NO CORAÇÃO[4]

---

[4] Figura representativa da Chama Trina. Observe os 3 Raios, sendo que o Raio Dourado é o Central. Disponível em: https://ajoiadolotus.com/chama-trina-chama-do-cristo-no-coracao/. Acesso em: 22 jun. 2022.

[5] Esta imagem representa a Chama Trina sendo emitida por Jesus. Repare na dimensão que ela tem e que a Luz Dourada está sobre a cabeça do Mestre, talvez pelo fato de Ele conscientemente elevar a sabedoria Divina à sua Alma, enquanto sua Fé e seu Amor estão ligados ao seu coração. Disponível em: https://ajoiadolotus.com/chama-trina-chama-do-cristo-no-coracao/. Acesso em: 22 jun. 2022.

CAPÍTULO IX

OS GATOS NO UNIVERSO ESPIRITUAL

Hoje vou simplesmente transcrever um texto que recebi por *e-mail* de uma pessoa que acima de tudo ama os animais e consegue enxergar como poucos a importância que esses seres têm em nossas vidas.

Os gatos sofrem um preconceito muito grande por parte de pessoas que ignoram o amor e o carinho que os bichaninhos têm por nós.

Como salientarei neste livro, os cães nos protegem mais em nível físico e material, porém os gatos nos protegem em nível astral e espiritual. São grandes guardiões de nossa luz.

Tanto é verdade que os gatos sempre foram usados em trabalhos de magia, desde a mais remota antiguidade. Se a magia é para o Bem ou para o Mal, isso não depende do animal, mas sim da intenção humana. E é esse "humano" que terá de responder pelos seus atos. Ou colher os devidos frutos.

Segue agora a íntegra do texto. Infelizmente, desconheço o autor de uma peça tão maravilhosa e verdadeira.

*

Os gatos e nós

A maioria das pessoas acha que os gatos não fazem nada, são preguiçosos e tudo que fazem é comer e dormir. Não é bem assim! Você sabia que os gatos têm uma missão na nossa vida? Você já parou para pensar por que tantas pessoas hoje em dia têm gatos? Mais do que o número de pessoas que têm cães?

Aqui está uma série de informações sobre a vida secreta dos gatos.

Todos os gatos têm o poder de, diariamente, remover energia negativa acumulada no nosso corpo. Enquanto nós dormimos, eles absorvem essa energia. Se há mais do que uma pessoa na família e apenas um gato, ele pode acumular uma quantidade excessiva de negatividade ao absorver energia de tantas pessoas.

Quando eles dormem, o corpo do gato libera a negatividade que ele removeu de nós. Se estivermos excessivamente estressados, eles podem não ter tempo suficiente para liberar tamanha quantidade de energia negativa, e, consequentemente, ela se acumula como gordura até que eles possam liberá-la.

Portanto, eles se tornarão obesos — e você achava que era a comida com que você os alimentava!

É bom ter mais do que um gato em casa para que a carga seja dividida entre eles. Eles também nos protegem durante a noite para que nenhum espírito indesejável entre em nossa casa ou quarto enquanto dormimos. Por isso, eles gostam de dormir na nossa cama. Se eles verificarem que estamos bem, eles não dormirão conosco. Se houver algo estranho acontecendo ao nosso redor, eles todos pularão na nossa cama e nos protegerão.

Se uma pessoa vier à nossa casa e os gatos sentirem que essa pessoa está ali para nos prejudicar ou que essa pessoa é do mal, os gatos nos circundarão para nos proteger. Quando meus gatos começaram a fazer isso comigo, eu não entendia por que eles ficavam em cima de mim ou aos meus pés.

Eu soube depois que eles estavam me protegendo. Então, meus ouvidos e meus olhos buscam imediatamente ver a reação dos meus gatos para ver o que eles farão quando alguém entra em minha casa. Se eles correm para a pessoa, cheiram-na e querem ser acariciados por essa pessoa, eu sei que posso relaxar.

Dívida a resgatar

Se você não tem um gato, e um gato vira-latas entra em sua casa adotando-a como lar, é porque você precisa de um gato em casa nessa época em particular.

O gato vira-latas voluntariou-se para ajudar e escolheu você. Agradeça ao gato por escolher sua casa para esse trabalho. Se você tem outros gatos e não pode ficar com o vira-latas, encontre um lar para ele.

O gato veio a você por um motivo, desconhecido para você em nível físico, mas em sonhos você pode ver a razão para o aparecimento do gato nessa época, se você quiser saber.

Pode acontecer de haver um débito cármico que ele tem de pagar a você. O espírito que o acompanha pode ter feito algum mal a você em outra vida e deve resgatar essa dívida protegendo você nesta vida. Portanto, não afugente o gato. Ele vai ter de voltar de um modo ou de outro para realizar essa obrigação.

Os Gatos Nos Curam

Na época de Atlântida, os curandeiros usavam cristais em seus trabalhos. Os cristais eram usados como um canal de cura. Quando os curandeiros visitavam vilas distantes, eles não podiam usar os cristais, pois o povo desconfiava deles achando que eles usavam magia. Como eles não podiam usar cristais, os curandeiros levavam gatos, que exerciam exatamente a mesma função dos cristais.

O povo não tinha medo dos gatos e permitia que eles entrassem em suas casas. Desse modo, os gatos têm sido usados inúmeras vezes na arte da cura.

*

O texto é tão completo que dispensa comentários adicionais.

Os gatos são maravilhosos. Só quem realmente os conhece é que pode perceber a importância desses animais na vida das pessoas.

Quem critica os gatos, é porque ignora todo o bem que eles podem proporcionar convivendo conosco.

CAPÍTULO X

PROTEÇÃO CONTRA PESSOAS NEGATIVAS

As orações e meditações nos fazem muito bem, em todos os aspectos. É importante reservar um tempinho de nosso atribulado dia a dia para nos isolar e meditar em alguns pensamentos e orações que com certeza nos farão bem, em todos os sentidos de nossas vidas, seja material ou espiritual.

O importante é que esse seja O SEU momento, um momento de isolação total da rotina diária e que não necessariamente precisa ser muito longo, ou dentro de um quarto fechado. O que nos impede de refletir durante uma caminhada, por exemplo?

Cada um faz o seu tempo e sua hora, mas cuidado para não se isolar demais. Na espiritualidade, o conceito de tempo não existe. Então, pouco importa se você está ali há um minuto ou há duas horas. O importante é a Luz desprendida para você e de você, pois também alimentamos o Universo com nossa Luz, Pensamentos e Vibrações.

A espiritualidade vivida com sabedoria e equilíbrio é mais eficaz do que o fanatismo e neuras pseudorreligiosas.

Este capítulo será uma extensão do capítulo sobre "encosto", pois agora vou tratar da "pessoa-encosto", ou seja, o encosto encarnado. Aquele tipo de pessoa que convive conosco no trabalho, na escola, na sociedade e que é um grande sugador de nossas energias. É literalmente um "encosto-vivo", trazendo-nos, consciente ou inconscientemente, certa dose de desequilíbrio e mal-estar.

O importante é nunca nos deixar abater por esse povo, mas creio que a oração a seguir ajudará a afastar as consequências negativas da proximidade com certas pessoas.

Na realidade, não se trata de uma oração. Eu apenas peguei uma parte dos Salmos 43 e outra parte dos Salmos 118, e fiz uma coisa só, criando uma proteção energética contra o "encosto-vivo".

Já que temos de necessariamente conviver fisicamente com certos indivíduos, então que estejamos devidamente protegidos.

Não é minha intenção trazer encanações nem desequilíbrios, mas apenas poder contribuir com "algo a mais" que poderá nos ajudar a ter dias melhores.

Pois bem, caso ache conveniente, faça a seguinte oração:

Faze-me justiça, oh Deus, e pleiteia minha causa contra a gente ímpia;

Livra-me da pessoa fraudulenta e injusta;

Pois Tu és o Deus da minha Fortaleza;

Não haverei de abater-me por causa da opressão do inimigo;

Envia a Tua Luz e a Tua Verdade para que sejamos guiados à Plenitude daqueles que em Ti confiam;

Invoquei a Ti na angústia, Senhor. Tu me ouviste e vieste em minha defesa;

O Senhor está comigo e não temerei o que me pode fazer o homem;

O Senhor está comigo, entre aqueles que me ajudam, pelo que verei cumprido o justo e o correto perante Ti, sobre aqueles que me aborrecem;

Com a Tua Guarda e a dos Teus Anjos, o ímpio não terá qualquer ação sobre mim, ou sobre aquilo que me pertence;

É melhor confiar no Senhor do que confiar no homem;

E em ti confio com a Fé de meu coração;

Amém.

Volto a salientar: essa "oração" foi adaptada tomando por base os Salmos 43 e 118.

A quem interessar possa, ela está aí... certo?

Ore apenas pela sua proteção. Quanto ao resto, deixe a cargo da Justiça Divina.

Cedo ou tarde, Ela vem e trará a devida lição à pessoa.

CAPÍTULO XI

ENCOSTO, OS ESPÍRITOS FORA DO CAMINHO

Todo mundo já ouviu falar em encosto, não é?

O que chamamos de "encosto" é justamente um espírito perdido que se aproxima das pessoas para sugar sua energia, seja ela boa ou ruim.

Esse espírito pode ser mandado por alguém mal-intencionado ou, então, pode simplesmente ficar próximo a um indivíduo por se sentir bem ali.

No primeiro caso, alguém acometido por um sentimento de inveja pode, consciente ou inconscientemente, enviar um espírito sem Luz para prejudicar uma pessoa.

No segundo, o espírito simplesmente ficará grudado na pessoa, pois se sentiu atraído por sua energia. Sentiu nela uma fonte de alimento e tentará se alimentar dela o máximo possível, numa atitude predatória. Isso geralmente ocorre com indivíduos muito nervosos, tensos, negativos, os tais "Hardys" da vida (ó dia, ó azar...), pois suas vibrações podem sofrer baixas e, sendo assim, podem atrair espíritos com a mesma vibração.

Em ambos os casos esse espírito, conscientemente, ficará junto da pessoa e trocando energias com ela. Mas, essa tal "troca" de energia com certeza não é vantajosa para a pessoa.

Explico: o espírito suga a energia da pessoa, literalmente falando. Além da Luz peculiar a qualquer indivíduo, todos os sentimentos, pensamentos e emoções também têm vibrações peculiares. E o espírito pega para ele parte dessa vibração. É como um verme!

Essa energia que seria usada para Iluminar a aura da pessoa será desviada para saciar a sede do espírito. Mas, o que ele dá em troca? Ele devolve vibrações ruins e tentará sugestionar a pessoa a cometer atos que não condizem com suas atitudes habituais. Por exemplo: "Bebe mais; fuma mais um; bate no cachorro; rouba isso; cheira aquilo".

A troca de energias se dá geralmente pelos chakras, principalmente os localizados na cabeça. Tome um cuidado especial com esses chakras, mantendo-os sempre em alta vibração.

E tome cuidado também com a nuca. Existe um ponto energético na nuca que é ligado diretamente à coluna cervical e, consequentemente, ao Sistema Nervoso Central (consiste de encéfalo e medula espinhal). Por causa disso, esse ponto merece atenção especial, pois é principalmente por meio dele que ocorrem as possessões, as formas mais horríveis de domínio de um espírito sobre "um corpo que não lhe pertence".

É desse ponto também que ocorrem as incorporações, porém estou falando agora de incorporações de Luz, totalmente controladas e com fins benéficos. Tais quais as que ocorrem em centros espíritas, umbandistas, entre outros.

Uma "água benta" na nuca de vez em quando lhe fará muito bem! Mantenha esse canal sempre bem equilibrado.

Mas, é importante salientar que nem só de Luz vive um encosto. Ele também se alimenta de energias emitidas por bebida, drogas, pensamentos ruins e outras coisas que emitem baixas vibrações. Porém, isso não é um "alimento". É simplesmente a satisfação de um desejo, de um vício, que provavelmente esse espírito teve em vida. E quer continuar tendo, mesmo depois de morto. Detalhe: alguns não sabem ou não acreditam que morreram.

Espíritos sem luz vivem em ambientes compatíveis com sua vibração.

Ambientes carregados da energia do álcool, das drogas etc. atraem aqueles que viveram nesse mundo, pois o vício é levado até a essência do Ser.

Se não ocorrer o tratamento espiritual logo após o desencarne, o espírito continua com aquele desejo, com aquele vício. E, obviamente, tentará a todo o custo saciar o seu vício.

Mas, como saber se alguém está com encosto?

Os sinais mais evidentes são a sonolência constante e as atitudes estranhas que não correspondem aos hábitos da pessoa; sentir desejos meio que incontroláveis que ficam martelando na cabeça até serem saciados. Isso são apenas sinais para se ter atenção, ok? Sem "alarmismos" por aqui.

A sensação de sonolência ocorre, pois a energia vital está sendo desviada. Isso enfraquece o corpo, e um corpo enfraquecido sofre com desânimo, cansaço e sonolência.

E como se livrar disso?

Pois bem, preste muita atenção. Uma simples oração e voltar os pensamentos a Deus ou a Jesus afastará o mau espírito da pessoa, porém, ele continuará vagando por aí e poderá voltar quando a energia da oração se dissipar. Ou seja, a oração irá proteger e criar em volta da pessoa uma proteção muito forte que fará com que o espírito se afaste e não tenha ação sobre a pessoa. No entanto, a vibração da oração irá se dissipar uma hora, e isso fará com que o espírito possa voltar a agir.

O correto nesse caso é procurar um centro de trabalhos espirituais de Luz, relatar o problema e, em um trabalho específico, encaminhar esse espírito para tratamento. Ao ser encaminhado pelos Anjos de Luz, esse espírito nunca mais será um encosto. Nunca mais retornará com esse fim. Certo?

Lembre-se: ESTAR negativo por alguma circunstância pontual é uma coisa, mas SER negativo grande parte do tempo é um perigo. É um ímã constante que irá atrair seres com a mesma vibração. E esses seres, além de sugar a Luz restante, ainda contribuirão cada vez mais para o mal-estar da pessoa "encostada". Portanto, nunca se deixe abater. Levante a cabeça, faça uma boa oração, dê um sorriso e siga em frente com Paz e Serenidade.

Uma pessoa pode ter vários espíritos encostados, não necessariamente um só. Quando trabalhei na Mesa Branca e na Umbanda, presenciei vários trabalhos de encaminhamentos de espíritos sem Luz. E muitas vezes foram tirados vários espíritos de uma pessoa só. Todos foram encaminhados para tratamentos, e as pessoas passaram a se sentir bem, gradativamente (Nota: depois de um trabalho desses, dificilmente alguém sai se sentindo bem de imediato!).

Lembre-se... um encosto não necessariamente é um espírito. Existe muito "encosto encarnado" vivendo por aí e roubando toda a Luz das pessoas de boa vontade. Tomem cuidado com esse tipo de "pessoa-encosto". O capítulo X fala sobre isso.

CAPÍTULO XII

ALGO SOBRE VIDAS PASSADAS

Tenho dúvida sobre muitas coisas, mas tem uma coisa que tenho absoluta certeza. Eu já vivi outras vidas (passadas) e viverei muitas outras (futuras). Isso para mim é muito claro e não tenho a menor dúvida em relação a isso.

O Processo Evolutivo é longo e gradativo. Nossa missão primordial é nos iluminarmos cada vez mais para retornar a Deus e "iluminar Sua Morada". Temos a missão de retornar mais iluminados do que quando saímos, e alcançamos essa Luz com nossos atos, pensamentos e intenções.

Pois bem, sendo o Processo Evolutivo tão longo e cheio dos mais variados caminhos, é impossível fazer tudo o que temos de fazer em meros 70 anos (estimativa de nossa média de vida). Pouquíssimos foram os que conseguiram essa proeza, pois, em geral, conseguimos cumprir nossa Missão depois de passados milhares de anos.

Outra coisa que tenho certeza é de que todos nós encarnamos em planetas diferentes, não necessariamente na Terra. Sim, existe vida em outros planetas. Pode acreditar nisso. E nascemos em planetas diferentes, de acordo com a faixa vibratória de nosso espírito no momento de encarnar. Se hoje habitamos este planeta, é pelo mero fato de "vibrarmos" em uma faixa semelhante, característica da vibração da Terra.

E vamos passando por mundos e mundos, desde os mais primitivos até os mais avançados (energeticamente falando), fazendo nosso papel em cada um deles, baseados sempre em nosso Livre-Arbítrio e nossa Missão. Vivemos muitas encarnações consecutivas em um planeta até atingirmos a faixa vibratória ideal para "mudarmos" de mundo.

O caminho é longo e são muitos os Mundos a serem visitados. Digamos que a Terra é um planeta que está um pouco aquém do meio do caminho.

Uma vez, participei de uma experiência em que pude vislumbrar um Mundo já vivido. Era um mundo tecnologicamente mais avançado, mas vibracionalmente mais atrasado. E um grande erro que cometi naquele Mundo foi resgatado neste por meio de um ato de perdão. Podem me chamar de doido, mas só eu sei o que senti quando apaguei aquele karma. Essa foi a ÚNICA experiência de regressão de que me permiti participar, devido a uma série de Fatores que me fizeram crer que aquilo realmente aconteceu.

Talvez, se cometesse aquele erro nos dias de hoje, eu pagaria na mesma vida, pois, como já comentei em outro texto, não temos mais tempo de ficar acumulando karmas. Hoje em dia, está valendo aquele velho ditado: "Aqui se faz, aqui se paga".

Apesar dessa experiência comentada, saliento que a Sabedoria Divina nos poupa da desagradável lembrança de vidas anteriores, pois elas nada mais podem fazer por nós. São raras as vezes em que nós resgatamos conscientemente experiências passadas, e quando isso ocorre, é por uma forte razão que não apenas uma mera curiosidade mórbida.

Já pensou você saber que foi o Fulano de Tal, que viveu na cidade de Niterói e que morreu no dia 15 de outubro de 1947, vítima de câncer? E procurando por registros da época, você descobre onde seu "outro corpo" está enterrado e vai lá visitar seu próprio túmulo? E você iria dizer o quê para os filhos e netos do Fulano de Tal? O que será que você sentiria ao vê-los? E eles?

Em alguns casos, reencontramos pessoas que já viveram conosco em vidas anteriores, mas isso só ocorre quando ainda temos resgates pendentes com aqueles espíritos. Às vezes, sentimos raiva ou amor por pessoas que acabamos de conhecer e não sabemos por que sentimos isso. Às vezes, só de bater o olho em alguém já não nos sentimos indiferentes àquela pessoa. Geralmente, isso ocorre porque aquela pessoa já fez parte de sua vida. E quando vocês viveram juntos naquela outra época, é provável que uma "roubou" Luz da outra, e esse reencontro ocorre para que as energias entre ambos se reequilibrem. Os reencontros servem para redimir os erros, agradecer um bem, equilibrar as energias e seguir em frente, cada qual na sua própria evolução.

Existe também a possibilidade de vários reencontros entre duas ou mais pessoas, em um caso peculiar de "cumprirem uma Missão Coletiva". Mas, aí já é uma outra história.

O tempo que um espírito passa no astral é indefinido. Um espírito pode reencarnar em poucos meses, mas também pode levar anos e anos para voltar. Para o espírito, o conceito "tempo" não existe, pois a fórmula do tempo está ligada à matéria. Tenho de confessar que não sei qual a fórmula do Tempo, só sei que a "matéria" é uma de suas variáveis. E que se a matéria é igual a ZERO, então o resultado do Tempo é intrinsecamente infinito. Por favor, não me perguntem de onde tirei essa informação, pois realmente não sei. Posso ter "viajado"!

Mudemos de assunto. Pois bem, alguns afirmam que o espírito tem gênero, ou seja, é masculino ou feminino. E nas diversas encarnações, o Espírito Masculino será sempre homem e o Feminino será sempre mulher. Eu, particularmente, discordo. Creio que o Espírito não tem gênero definido e nascemos invariavelmente intercalando entre homens e mulheres. Tudo vai depender da Missão que aquele espírito terá de cumprir em determinada encarnação.

Mas, onde entram as crianças nisso tudo? As crianças que nascem, mas cedo vão embora? Nesse caso, pode ser devido a um resgate dos próprios pais. Dessa forma, Grandes Anjos de Luz se oferecem para encarnar naquela criança que viverá poucos dias, poucas semanas, poucos meses. O sofrimento pela perda irá (geralmente e de alguma forma) fortalecer o pai e a mãe, além de resgatar alguma pendência do passado. Com absoluta certeza, aquele Ser Iluminado cumpriu amorosamente mais uma missão em seus poucos momentos na Terra.

CAPÍTULO XIII

SIMBOLOGIA MÍSTICA E ESOTÉRICA

Vou apresentar agora uma série de símbolos místicos e esotéricos, além de suas características e funções. Tenho um apreço muito grande por esses símbolos e os utilizo sempre que posso. Em um outro capítulo, falarei sobre a energia das imagens, porém, este será um pouco diferente, pois vou apresentar a energia dos **símbolos**.

Símbolos Místicos emanam energias, conforme o princípio esotérico da "Energia de Forma", ou seja, determinados formatos e desenhos capazes de irradiar energia por si só.

Vamos compreender que tais Símbolos não são capazes de "criar" energia, pois isso contraria a mais básica das Leis da Física. Os símbolos apenas "trabalham" as energias existentes em um ambiente.

Vamos partir da seguinte condição: a Luz Divina é irradiada a todos os cantos de nosso mundo na forma "Luz Branca", ou seja, a Energia do Todo (todas as luzes e frequências reunidas formam a Luz Branca); um determinado Símbolo Místico filtra essa Energia Branca e emana (amplificando) apenas a energia característica de sua **forma**. Sendo assim, grosso modo, podemos dizer que os Símbolos Místicos funcionam como **filtros** que pegam a ***Energia Branca do Todo*** e, alimentando-se dessa Energia, emanam para o ambiente apenas suas Energias Características, próprias do seu "traçado". Apesar de qualquer ambiente estar sempre irradiado de Energia Branca, algumas pessoas gostam de "ampliar" determinadas faixas vibratórias presentes nessa Energia. Para isso, utilizam os Símbolos Místicos.

E por que devemos confiar nesses Símbolos?

Já dizia nosso Mestre Jesus: *"Orai e Vigiai"*.

Mas, quem consegue, hoje em dia, orar e vigiar o tempo todo?

Nossas orações e nossas vigílias têm um tempo de vibração e, se não "alimentadas" por nossos pensamentos, elas perdem a força e se acabam. Se não fosse assim, bastaria rezar um Pai-Nosso uma vez só na vida, não é?

Eu costumo usar esses símbolos em locais que frequento boa parte do meu tempo, o que hoje ocorre em casa e no trabalho. Sempre tenho um adesivo na janela de casa, do carro ou na mesa do trabalho, que lá eles irão "vibrar" à minha volta, nos momentos em que estou distraído, "não orando e não vigiando", por assim dizer.

Calma, não quero dizer que temos de ficar o tempo todo preocupados com isso! Muito pelo contrário. Só estou dizendo que eu, particularmente, gosto de ter alguns símbolos próximos a mim, para sentir o meu ambiente mais iluminado e protegido.

Ter pequenos símbolos místicos em casa, no carro e no trabalho, de forma discreta, não fará mal algum, apenas ajudará você a viver boa parte do tempo em um ambiente onde vibram boas energias.

A **SUA** vibração pessoal e a das pessoas que convivem com você em determinados ambientes são preponderantes para o nível energético do local. Os símbolos ali presentes funcionarão como "filtros auxiliares", ajudando na limpeza e no bom fluxo de energias.

Vamos, então, apresentar alguns símbolos:

FIGURA 13 – AUM[6]

---

[6] Disponível em: https://www.flaticon.com/br/icone-gratis/simbolo-om_84051. Acesso em: 22 jun. 2022.

Obviamente, tenho de começar pelo maior de todos. O AUM (pronuncia-se OM). O AUM é o Símbolo Universal da Energia Divina, da Energia Branca do Todo. Algumas linhas acreditam ser a representação gráfica da própria Divindade.

O seu traçado é um Símbolo, porém, a sua representação fonética é um Mantra. Todos já devem ter ouvido alguém recitando o mantra "OOOOOOOOOOOOOMMM"! Pois essa é a sonoridade associada a esse símbolo. Quando pronunciamos esse mantra, estamos reforçando a vibração Divina no ambiente. É importante, antes de meditar, pronunciar o "OM", pois isso irá limpar o ambiente e ampliar nele a Energia Divina.

Esse símbolo tem presença obrigatória em qualquer altar esotérico e principalmente na tradição Hindu. Sugiro colocar o AUM no quarto de dormir. Traz paz e serenidade ao sono. E também na porta da entrada principal da sua casa. Se alguém "carregado" entrar na sua casa, o AUM já deixará bem claro à energia imprópria que aquele é um LAR abençoado, guiado, iluminado e protegido **por Deus**, afastando tal energia.

Tenha um "AUM" perto de você. Vale a pena.

FIGURA 14 – IOSHUA[7]

Ioshua é também conhecido como "O Nome Místico de Jesus". Costuma-se dizer que essa é a representação gráfica original de nosso Mestre Jesus, ou seja, "O Nome de Jesus nos Céus". Eu costumo usar o Ioshua

---

[7] Disponível em: https://essenciasknorich.wordpress.com/2013/09/11/grafico-yoshua-nome-mistico-de-jesus/. Acesso em: 22 jun. 2022.

principalmente como símbolo de proteção espiritual. Ele afasta as energias negativas e protege contra magias e, principalmente, contra o tal "olho gordo".

Se você acredita ser vítima de inveja, olho gordo e afins, tenha um adesivo com o Ioshua perto de você, no carro, em casa, no trabalho. Ou carregue um na bolsa, ou na carteira. Você sempre poderá contar com esse poderoso protetor espiritual.

O Ioshua é formado pelo losango e por uma série de letras hebraicas; conforme podemos verificar:

O losango nada mais é do que dois triângulos espelhados, cuja junção simboliza a união entre o espiritual e o material. O triângulo apontado para cima representa a evolução do Homem, que caminha na direção do Pai. O triângulo voltado para baixo representa a Energia Divina manifestando-se na Terra. A junção dos dois representa o equilíbrio da plena consciência espiritual e material.

A Escrita Hebraica inscrita no losango faz referências à Divindade em todas as suas manifestações terrenas, na figura do Homem, do Filho de Deus e todos os seus atributos.

Resumidamente falando, está escrito:

Nascimento, Morte e Ressurreição;

O caminho da dor, que leva à Glória;

Domínio do Espírito sobre a Matéria;

Ação, Energia, Disposição, Coragem, Retidão, tudo em prol da Humanidade;

Amor Incondicional, Amar a Deus sobre todas as coisas, Amar o próximo como a ti mesmo, sacrificar-se por um Bem Maior.

Concorda que podemos resumir todas essas qualidades em um Único Ser? E que esse Ser atende pelo nome de **Jesus Cristo**? Pois é, amigos. Assim é formado o "Nome Original de Jesus nos Céus".

O Ioshua, além de ser um dos mais poderosos protetores espirituais, pode ser usado também no início de uma meditação. Basta olhar fixamente para ele por pelo menos três minutos. Dessa forma, você estará vibrando em sintonia com a Energia Crística presente em todo o Universo e tornará a sua meditação muito mais efetiva.

FIGURA 15 – NOVE CÍRCULOS[8]

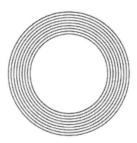

Se o Ioshua é um símbolo de proteção espiritual, o Nove Círculos é um símbolo de proteção material. Esse símbolo é usado para proteger carros, residências ou outros bens materiais contra roubo, quebras, incêndios, acidentes, entre outros "desastres materiais".

Esse símbolo, como o próprio nome diz, é formado por nove círculos concêntricos, indicando que a proteção vem da mais alta esfera espiritual (o primeiro círculo), que vem gradativamente tomando a forma adequada até chegar com toda a força ao plano material (o nono círculo).

Aquilo que estiver dentro do nono círculo (ou seja, no centro do símbolo) estará totalmente protegido contra situações de risco físico e material. Para se ter uma ideia prática da utilização dos símbolos demonstrados, posso citar o meu próprio carro. No vidro da frente, tenho um IOSHUA, para afastar energias negativas de mau-olhado, inveja, ciúme, entre outras. No vidro de trás, tenho um adesivo NOVE CIRCULOS para proteger contra roubos e acidentes. Os adesivos estão colocados de forma discreta. Esse é o segredo. A discrição. Certo?

O Nove Círculos também apresenta uma outra característica peculiar. Imagine que você irá fazer uma prova, um vestibular, uma entrevista de emprego, ou seja, algo em que você terá de dispor de máxima concentração para obter o êxito desejado.

Em momento oportuno, pouco antes ou mesmo durante o seu "teste", visualize os Nove Círculos à sua volta, ao seu redor, protegendo

---

[8] Disponível em: https://reikipro.wordpress.com/2011/07/02/nove-circulos-protecao/. Acesso em: 22 jun. 2022.

você contra todos os pensamentos externos e não relativos aos assuntos do seu "teste". Após essa visualização, sua concentração estará muito mais focada no assunto em questão e pode ter certeza de que você alcançará o êxito desejado em seu desafio.

Nos dias de hoje, temos de contar com toda a ajuda disponível, não é?

As informações foram resumidas, peguei só os pontos principais de cada símbolo, mas já é o suficiente para que eles exerçam uma força benéfica sobre os que os usam e acreditam em suas forças. "Acreditar é preciso!"

FIGURA 16 – SETE CÍRCULOS DE YAVÉ[9]

Esse símbolo é usado basicamente para proteção contra ondas de magia. Se por um acaso você acha que alguém fez um "trabalho" ou "demanda", ou "macumba" para prejudicá-lo, pode ter certeza de que esse símbolo é o mais indicado para o proteger.

Note bem uma diferença crucial. Enquanto os outros símbolos apresentados nos textos anteriores (Nove Círculos e Nome Místico de Jesus) protegem de energias negativas que estão no ambiente apenas como parte integrante dele, o Sete Círculos de Yavé protege contra ondas de magia que foram demandadas diretamente contra VOCÊ. Ou seja, você é o alvo de uma pessoa mal-intencionada e o Sete Círculos de Yavé será o seu escudo pessoal, protegendo-o contra um trabalho que a você foi dirigido. Percebeu a diferença?

---

[9] Disponível em: https://lojaterapeutaluciana.com.br/grafico-iave-7-circulos-ps-pvc-psiave7. Acesso em: 22 jun. 2022.

O símbolo é formado por 7 círculos concêntricos mais a palavra Yavé (em hebraico) acima dos círculos. As letras em hebraico antigo têm o poder de emitir vibrações de ondas de acordo com as palavras escritas.

Yavé é uma das expressões do nome de Deus em hebraico. Seus sete círculos representam os sete raios e os sete arcanjos. Esse gráfico dissolve, neutraliza e protege contra ondas de magia em estados moderados, criadas por quaisquer processos, magia, ritual ou qualquer tipo de ataque psíquico em forma de pensamento, inveja, dirigidos diretamente a quem quer que seja.

É um gráfico de simples utilização que pode ser usado basicamente de duas formas. Como um gráfico radiônico, bastando para isso colocar uma foto (3x4) da "pessoa atacada" no centro do menor círculo do gráfico. Ou como um "adesivo" colado na porta de entrada de casa, no carro, na agenda etc.

Mas, lembre-se: o Sete Círculos de Yavé deve ser usado apenas em caso de anulação de magia específica contra uma pessoa. Para casos de "proteção preventiva", deve-se usar os demais símbolos apresentados anteriormente.

Mensagem desse símbolo: "*Eu os protejo em nível espiritual e mental, ajudando-os a se libertarem de estados de magia*".

Dica: ao trabalhar com esse símbolo, reze o Salmos 70. É um trabalho conjunto imbatível.

FIGURA 17 – SÍMBOLO COMPENSADOR ANDRÉ PHILIPPE (SCAP)

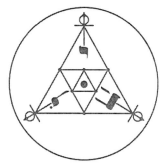

Fonte: André Philippe (SCAP)[10]

---

[10] Disponível em: https://br.pinterest.com/havocvegan/ci%C3%AAncia-espiritual/. Acesso em: 22 jun. 2022.

O SCAP, como o próprio nome diz, é um símbolo de compensação e equilíbrio de energias. Eu costumo usar esse símbolo para equilíbrio de energias de irradiação eletromagnética. Ele ajuda a neutralizar ondas nocivas que são irradiadas por computadores, celulares, telefones, micro-ondas, rádio, caixa de luz, tomadas etc. Porém, ele tem outras aplicações, voltadas ao equilíbrio de energias mais sutis.

Note que ele também apresenta os caracteres hebraicos que juntos formam a palavra "Yavé". Contudo, a disposição é outra, e cada qual com sua função específica.

Além da palavra "Yavé", podemos notar também:

Triângulo, representando a Trindade Divina;

A Cruz Cristã em cada vértice do triângulo;

A Cruz Ansata[11] em cada vértice do triângulo.

Esse conjunto torna-o um símbolo bastante poderoso no combate às energias prejudiciais, atingindo desde vibrações extremamente sutis (astral) até as mais pesadas (matéria). Por isso, ele é o mais indicado para equilibrar as energias geradas por fontes artificiais que nos bombardeiam em grande intensidade.

O principal uso do SCAP, então, é o equilíbrio das energias eletromagnéticas geradas por aparelhos. Eu tenho um adesivo SCAP bem em cima do monitor do meu computador.

Modo básico de utilização: fixar o símbolo em todos os aparelhos que emitem ondas para que a energia negativa seja neutralizada. Pode-se colocar um adesivo também: em cima do forno de micro-ondas; dentro da geladeira para melhor conservação e preservação das condições naturais dos alimentos; em cima da televisão; atrás do telefone celular. Colocar um SCAP embaixo da cama ajuda a ter um sono mais tranquilo e restabelecedor. Para esse caso, sugiro um gráfico de maior dimensão, por exemplo, 21x21 centímetros.

---

[11] A Cruz Ansata é um dos símbolos mais antigos e conhecidos do antigo Egito, simbolizando a Vida e o Conhecimento Cósmico.

O SCAP também é utilizado para se eliminar energias nocivas geradas em pontos geopatogênicos[12**] (cruzamento da Malha Hartmann com linhas de água), ou sobre qualquer outro foco de energias nocivas.

As informações foram resumidas, abordei só os pontos principais de cada símbolo. Mas, já é o suficiente para que eles exerçam uma força benéfica sobre os que os usam e acreditam em suas forças. "Acreditar é preciso!"

---

[12] ** Saiba mais lendo o texto: *"Geopatologia: as doenças e a cura"*, capítulo XXVIII.

CAPÍTULO XIV

CHAKRAS, NOSSOS PORTAIS DE ENERGIA

Nosso corpo não seria completo se ele fosse apenas "físico". Seríamos apenas "zumbis" sem alma, sem essência, sem sonhos, nem ambições. Seríamos apenas indivíduos formados por átomos, cuja vida está baseada no elemento Carbono.

Repito a seguir uma das frases que mais faz sentido para aqueles que creem no "algo a mais":

"É difícil aceitar pura e simplesmente a hipótese de que tudo aquilo que determina a essência do ser humano — suas alegrias, suas tristezas, suas memórias e suas ambições — se resume ao mero comportamento de um amontoado de neurônios" (CRICK, 1998, p. 47).

Pois bem, partindo do princípio de que nosso corpo é formado por matéria e Luz[13]*, vou falar um pouco sobre os Centros Energéticos de nosso corpo, os chakras.

A palavra "chakra" é de origem sânscrita e significa "roda". Esse nome foi escolhido, porque os chakras giram em nosso corpo, em alta velocidade e, na maioria das vezes, no sentido horário.

Há centenas de chakras espalhados pelas mais diferentes partes de nosso corpo físico, porém comentarei apenas sobre os sete chakras principais, os que realmente fazem a diferença para vivemos melhor, em mais harmonia.

---

[13] * Luz = alma, chama trina, aura, corpos sutis, chakras, entre outros.

O ideal é que todos os chakras estejam equilibrados, ritmados, girando rapidamente, trocando Luz com o Universo de modo harmônico, alimentando todos os nossos órgãos de Energia Divina Vital (Prana).

A boa vibração de nossos chakras permite o bom funcionamento de nosso corpo físico, mental e espiritual. Quando somos atingidos por alguma doença, o chakra correspondente ao órgão doente sofre um desequilíbrio. Informo com absoluta certeza que harmonizar o chakra desarmônico é um passo importante para conquistarmos a cura de uma doença, em conjunto, é claro, com a Medicina tradicional. Já comentei em textos anteriores que a união da Cura Prânica com a Medicina tradicional pode operar milagres. É uma pena que a grande maioria dos "curadores" prefiram atacar uns aos outros a se unirem. É uma pena; é uma cizânia originada da descrença e, principalmente, do ego inflado de cada uma das partes.

Pois bem, os principais Chakras são:

Chakra Coronário

É o Sétimo Chakra de nosso corpo. Localiza-se bem no alto de nossa cabeça e rege principalmente o nosso cérebro. Mas, está ligado diretamente às partes mental e espiritual do corpo. É o responsável por nossas conexões com o Mundo Espiritual Consciente, com os Seres de Luz (ou não). É o que mais brilha e vibra durante uma meditação ou uma oração, pois é nosso "portal de comunicação" com a Luz Divina.

Apresenta-se geralmente nas cores branca e violeta.

Quando equilibrado, proporciona uma dose maior de Consciência Universal, Sabedoria, Inspiração e maior facilidade para "conversarmos" com nossos Guias. Quando desequilibrado, pode ocasionar estados depressivos e de desânimo.

Para equilibrar esse chakra, recomendo uma meditação usando um cristal de ametista ou um quartzo branco. Em estado "meditativo", pegue o cristal com a mão direita e gire-o sobre o chakra (a aproximadamente 7 centímetros de distância), no sentido horário, vibrando a perfeita harmonia desse chakra. Uma frase que costuma funcionar nesse momento é uma variação do mantra de Jesus, que diz: "Eu Sou a Ressurreição e a Vida", ou seja, a variação seria: "Eu sou a Ressurreição e a Vida, do perfeito equilíbrio e harmonia Universal do meu Chakra Coronário".

Fazer esse exercício por pelo menos 3 minutos, girando o cristal, repetindo o mantra e imaginando a "mão de Jesus" espalmada sobre o chakra, como que o abençoando e irradiando a Luz d'Ele sobre você. Claro, tudo isso em estado de meditação, com o corpo relaxado e ouvindo uma música própria para meditação.

É importante salientar que, tanto o Chakra Coronário como o Chakra Frontal (a seguir), estão intimamente ligados por um cordão de energia que passa dentro do cérebro. Portanto, se um está desequilibrado, ele pode interferir no equilíbrio do outro. E se trabalharmos o equilíbrio de um, teremos também de trabalhar o equilíbrio do outro. Se não for dessa forma, o trabalho não estará perfeitamente concluído.

O chakra coronário é bloqueado pelo apego material.

Chakra Frontal

É o Sexto Chakra de nosso corpo, também conhecido como "Terceiro Olho". Localiza-se em nossa testa, logo acima do ponto formado entre nossas sobrancelhas, e rege, principalmente, a porção mais inferior de nosso cérebro. É o Olho da Alma. É o responsável por nossa memória, imaginação, concentração e nossos órgãos da visão, audição e sistema nervoso.

Apresenta-se geralmente na cor azul-marinho.

Quando equilibrado, proporciona melhor intuição, imaginação, concentração e também a visualização do tal "algo a mais".

Pessoas com mediunidade avançada veem, por meio do Terceiro Olho, os espíritos e outras entidades "não físicas". É através do "Terceiro Olho" que algumas pessoas veem aquilo que os dois olhos do corpo não conseguem ver.

Quando desequilibrado, pode ocasionar desconcentração, dor de cabeça, distúrbios auditivos e oculares (informação boa para oftalmologistas e otorrinos).

Para equilibrar esse chakra, basta seguir a orientação anterior (do Coronário), com algumas diferenças: os cristais mais indicados são a Turmalina Azul ou a Azurita. O Mantra, obviamente, será: "Eu sou a Ressurreição e a Vida, do perfeito equilíbrio e harmonia Universal do meu Chakra Frontal".

O chakra frontal é bloqueado pela ilusão terrena.

Chakra Laríngeo

É o Quinto Chakra de nosso corpo. Localiza-se bem em nossa garganta e rege as cordas vocais, boca, tireoide, nariz e ouvidos, além da garganta, obviamente. É o responsável por nossa comunicação verbal, verbalizações e expressões. Favorece a comunicação e a verdade.

É um chakra também utilizado para tratar de estresse, pois uma das características de uma pessoa estressada é estar com o Laríngeo em desarmonia.

Apresenta-se geralmente na cor azul-celeste.

Quando equilibrado, proporciona melhor comunicação, formas de expressão, entendimentos. Quando desequilibrado, pode ocasionar as dificuldades de expressão e comunicação, timidez, medo de expor ideias em público.

Para equilibrar esse chakra, basta seguir a orientação anterior (do Coronário) usando agora cristais como o Quartzo Azul e o Turquesa. O Mantra, obviamente, será: "Eu sou a Ressurreição e a Vida, do perfeito equilíbrio e harmonia Universal do meu Chakra Laríngeo".

Chakra Laríngeo é bloqueado pela mentira.

Chakra Cardíaco

É o Quarto Chakra de nosso corpo. Localiza-se bem no centro do peito, exatamente entre os mamilos e rege, principalmente, o coração, o sangue, o sistema circulatório, os pulmões e o "Timo", *pequeno órgão cuja função é promover a maturação dos linfócitos T que vieram da medula óssea*... pois é... deve ser importante! ☺

Nesse chakra, concentra-se o amor incondicional do indivíduo.

A Chama Trina (Centelha Divina) está concentrada no coração, logo ela vibra por meio do chakra cardíaco. Também está ligado diretamente ao bem-estar geral do indivíduo, no que diz respeito à sua saúde e vitalidade.

É o chakra do **amor incondicional**, do amor pelo simples sentimento do amor, não racionalizado pelo consciente. É por isso que o símbolo do amor é um "coraçãozinho", pois esse órgão é o centro do Chakra Cardíaco, que rege o **amor incondicional**.

Apresenta-se geralmente na cor verde, mas em alguns casos pode apresentar uma cor rosada.

Quando equilibrado, proporciona a Paz, o sentimento de amor incondicional (não racionalizado), o sentimento do perdão e da compaixão.

Para se perdoar alguém "de coração" (olha ele aí de novo), deve-se estar com esse chakra muito bem alinhado. Só assim conseguiremos promover um dos mais belos atos que pode ser praticado pela humanidade.

Quando desequilibrado, pode ocasionar a raiva, a angústia, a irritação sem sentido, casos de depressão, além de, obviamente, problemas cardíacos.

Para equilibrar esse chakra, basta seguir a orientação anterior (do Coronário), com algumas diferenças: os cristais mais indicados são a Turmalina Rosa ou o Quartzo Verde.

O Mantra, obviamente, será: "Eu sou a Ressurreição e a Vida, do perfeito equilíbrio e harmonia Universal do meu Chakra Cardíaco".

O Chakra Cardíaco é bloqueado pela tristeza e pela mágoa.

Chakra Plexo Solar

É o Terceiro Chakra de nosso corpo. Localiza-se entre 5 e 7 centímetros acima do umbigo e rege principalmente o sistema digestivo "*superior*", ou seja, o estômago, além do fígado, da vesícula biliar, do intestino delgado e dos órgãos e sistemas relacionados.

Nesse chakra, concentra-se a nossa energia emocional; ele também está relacionado ao nosso ego, à nossa percepção de nós mesmos.

É interessante tratar esse chakra em casos de baixa "autoestima", ou mesmo de orgulho exagerado. Fortalece a força de vontade e a empatia.

Apresenta-se na cor amarela.

Quando equilibrado, proporciona Força de Vontade, Determinação, e um sentimento de "autopoder" de que nada pode nos deter, de seguir em frente enfrentando nossas batalhas.

É importante estar com esse chakra perfeitamente equilibrado, quando você praticar exercícios de "autoconhecimento" ou uma viagem para dentro de si mesmo.

Quando desequilibrado, pode ocasionar a falta de vontade, irritação conosco mesmos, ou até sentimentos antagônicos, como sentir-se com "o rei na barriga". Aliás, essa expressão surgiu exatamente por causa da característica desse chakra, voltado ao nosso ego. Fisicamente, o desequilíbrio pode causar enjoo estomacal e distúrbios alimentares.

Para equilibrar esse chakra, basta seguir a orientação anterior (do Coronário), com algumas diferenças: os cristais mais indicados são âmbar e enxofre. O Mantra, obviamente, será: "Eu sou a Ressurreição e a Vida, do perfeito equilíbrio e harmonia Universal do meu Chakra Plexo Solar".

O Chakra Plexo Solar é bloqueado com a vergonha.

Chakra Esplênico

É o Segundo Chakra de nosso corpo. Localiza-se entre 3 e 4 centímetros abaixo do umbigo e rege principalmente o baço, o sistema reprodutivo e os órgãos sexuais.

Nesse chakra, concentra-se a nossa energia sexual, a criatividade, o amor mais voltado às coisas terrenas, à natureza. Tem forte desempenho na produção de adrenalina. Fortalece a criatividade, o prazer e a alegria.

Apresenta-se na cor alaranjada.

Quando equilibrado, proporciona uma criatividade e imaginação mais apuradas, estimula os sentidos do prazer e do desejo (feminino).

Quando desequilibrado, pode ocasionar problemas do trato urinário, problemas de ordem sexual, além de problemas emocionais como ciúmes e possessividade. Pode ocasionar dores de coluna e também problemas nos órgãos de reprodução (feminino).

Para equilibrar esse chakra, basta seguir a orientação anterior (do Coronário), com algumas diferenças: os cristais mais indicados são o coral e a cornalina. O Mantra, obviamente, será: "Eu sou a Ressurreição e a Vida, do perfeito equilíbrio e harmonia Universal do meu Chakra Esplênico".

O Chakra Esplênico é bloqueado pela culpa.

Chakra Básico

É o Primeiro Chakra de nosso corpo.

Localiza-se na base da coluna vertebral, logo acima dos órgãos reprodutores e rege principalmente os membros inferiores, a espinha, os rins, o intestino grosso e o aparelho reprodutor.

Nesse chakra, encontram-se nossos instintos físicos e "primatas".

É nesse chakra que estão "armazenados" todos os nossos instintos de sobrevivência e "perpetuação da espécie", que vieram de nossa evolução física. É o chakra mais ligado à Terra, ao plano físico. É por onde entram as energias vindas do solo. É o apoio aos demais chakras.

Apresenta-se na cor vermelha.

Quando equilibrado, proporciona vitalidade, bem-estar físico, instinto claro de sobrevivência, melhor fluxo das energias vindas da terra, vitalidade sexual (masculino).

Obs.: Note que coisa interessante: a vitalidade sexual está localizada em chakras diferenciados, no caso de homens e mulheres. No caso do homem, a sua sexualidade está ligada ao chakra mais físico, mais "terra", mais básico! E no caso das mulheres, a vitalidade sexual já está a um plano superior, mais voltado ao Chakra Esplênico.

Isso explica muita coisa. Não justifica, mas explica...

Quando desequilibrado, pode ocasionar irritação exacerbada, raiva, constipação, desânimo em alto grau, impotência sexual (masculino).

Para equilibrar esse chakra, basta seguir a orientação anterior (do Coronário), com algumas diferenças: os cristais mais indicados são o quartzo vermelho e a turmalina negra. O Mantra, obviamente, será: "Eu sou a Ressurreição e a Vida, do perfeito equilíbrio e harmonia Universal do meu Chakra Básico".

O Chakra Básico é bloqueado pelo medo.

Essa foi a explanação básica, focando os pontos de maior interesse sobre cada um dos chakras. Como já salientei em vários outros textos, essas explicações são apenas um pontapé inicial para incentivar uma pesquisa mais aprimorada em relação ao assunto que se quer conhecer.

CAPÍTULO XV

QUEM CULTIVA A ESPIRITUALIDADE É MAIS FELIZ E SAUDÁVEL

Em Agosto de 2006, eu estive em Salvador. Fui a trabalho, super rápido, um dia só, mas nesse pouco tempo pude ver o lugar maravilhoso em que estive. Enquanto aguardava a reunião começar, escutava o som ambiente local, que estava sintonizado numa rádio. E entre uma música e outra, ouvi a seguinte frase: "Baiano que é baiano pede a bênção para Yemanjá".

Não nasci na Bahia, mas pedi a bênção para Yemanjá, e também para Oxalá, Oxum e Oxóssi, Entidades por quem tenho grande respeito, carinho e admiração, apesar de não trabalhar mais com essas Linhas.

Para mim, foi uma certa surpresa ouvir uma frase dessa, solta no ar em uma rádio, digamos... comercial. Nessa rádio, ouvi coisas como Skank, Alanis Morissette, Belchior, entre outros. E ouvi a tal frase que me fez pensar e pensar.

Fazendo uma "analogia radiofônica", em algumas cidades do país, já andei ouvindo algumas rádios "temáticas" e, em alguns casos, notei um certo "fanatismo-psicótico" tentando a todo custo promover sessões de "desencapetamento" via ondas de rádio.

Mas, voltemos ao assunto em questão, ou seja, o povo que trabalha e cultiva a espiritualidade consciente.

Para dar mais razão aos meus devaneios, pouco antes de chegar ao local, parei em uma barraquinha para tomar uma água de coco. Lá fui atendido por uma cara chamado Alex e, pelo pouco que conversei e observei, percebi que, em seu modo simples de vida, o tal Alex é um cara muito feliz. E notei que as pessoas em volta, todos trabalhadores locais, também são pessoas muito felizes.

E por que cheguei a essa conclusão? Porque notei que todos eles cultivam a espiritualidade e a Fé de uma forma muito intensa e saudável. Percebi que eles têm uma forma diferenciada de equilibrar a vida material e a vida "natural/espiritual", fazendo com que eles sejam pessoas mais felizes, mais plenas, mais completas. Em todos os locais, vi um pedacinho de devoção, seja na forma de imagens, rezas, agradecimentos ou ações.

Por duas vezes, vi o Alex se dirigir a uma imagem do Bonfim e trocar com ele algumas palavras. Por meio daquela Fé, ele se sente sempre amparado e protegido por uma Entidade de grande força, poder e bondade. E isso é uma carência de grande parte dos seres humanos: amparo, proteção e apoio para se atravessar as adversidades.

Agora veja que com a Espiritualidade eles têm tudo isso. E o mundo todo pode ter, basta querer, basta acreditar.

Quem tem Fé é sempre, sempre, sempre amparado, protegido e apoiado.

E os baianos são um povo de Fé. (Não é à toa que na Umbanda existe a "Linha dos Baianos").

Veja agora uma pequena amostra de como temos tudo isso:

- Amparo: "Ele te cobrirá com as suas penas e debaixo de suas asas estarás seguro. A Sua verdade é escudo e amparo" (Salmos 91:4).

- Proteção: "Ainda que eu andasse pelo vale da sombra da morte, eu não temeria mal algum, porque Tu estás comigo" (Salmos 23:4).

- Apoio: "Esperei com paciência no Senhor e Ele se inclinou para mim e ouviu o meu clamor; Tirou-me de um lago horrível, de um charco de lodo. Pôs meus pés sobre uma rocha, firmou os meus passos" (Salmos 40:1,2).

Pois é. Percebi que eles efetivamente se sentem sempre amparados, protegidos e apoiados por suas maravilhosas entidades, por esses seres maravilhosos formados por Uma Energia de puro amor e bondade.

E o povo de Fé Verdadeira é agraciado e abençoado por essa energia. E, com certeza, SÃO FELIZES.

E, por incrível que pareça, quando cheguei em casa, li na capa de uma revista o seguinte título de uma matéria:

"A ciência prova! Quem cultiva a Espiritualidade é mais saudável."

A seguir vou transcrever trechos dessa matéria, cuja íntegra encontra-se na *Revista Bons Fluidos* (2005, p. 58-63):

— *Pessoas que cultivam o lado espiritual são mais otimistas e esperançosas quando enfrentam problemas de saúde.*

— *A religião proporciona mais segurança e menos estresse, na tomada de decisões relativas à doença* (comentário meu: e outras decisões também, obviamente).

— *Quem pratica alguma religião tem mais convicção de que sua força interior pode influenciar a cura. O fervor da oração, nesse caso, é considerado um poderoso instrumento para alcançar esse objetivo.*

— *Pesquisadores em Israel estudaram 3,9 mil pessoas durante um período de 16 anos. Suas conclusões: a taxa de mortalidade relacionada a doenças cardiovasculares e câncer era 40% mais baixa nos indivíduos religiosos do que em quem não tinha religião. No Brasil, o livro Milagres que a medicina não contou, escrito pelo médico brasileiro Roque Marcos Savioli, conta os casos surpreendentes de cura ocorridos no Instituto do Coração de São Paulo. Segundo ele, pesquisadores de respeito demonstraram em estudos de neurofisiologia a existência no sistema nervoso central de um "centro de fé". Essa região estaria localizada em uma área muito perto daquela que regula toda a defesa do organismo de maneira que os estímulos cerebrais relacionados à Fé acionariam também toda a área de defesa orgânica. "Assim, a fé liberaria substâncias que estimulam as células de defesa do organismo, combatendo as doenças", escreve Savioli.*[14]*

Pois bem. A mensagem que quero passar é: vivamos uma vida com Fé, equilibrando a vida material com uma vida espiritualmente saudável. Orações, meditações, relaxamentos, equilíbrios, são fundamentais para termos uma vida Feliz, Saudável, com muito Amparo, Proteção e Apoio. Será que fui claro?

---

[14] * Quem quiser substituir o termo "religião" por "espiritualidade" ou "Fé", fique à vontade para fazê-lo.

CAPÍTULO XVI

A LEI DO RÁDIO, SINTONIZE NA LUZ DIVINA

Todos nós conhecemos este velho amigo: O RÁDIO!

Vou agora fazer uma analogia entre um rádio comum e nós mesmos!

Isso para mostrar que não dependemos das vibrações externas, e sim das vibrações INTERNAS, de nossos pensamentos e de nossa consciência para estarmos sempre sintonizados à Luz Divina.

Para começar a entender essa Lei, imagine-se em plena Av. Paulista, em São Paulo.

Sabemos que na Av. Paulista localizam-se diversas antenas transmissoras de Rádio e Televisão, enviando à atmosfera várias frequências diferenciadas, que serão sintonizadas por nossos aparelhos.

Imagine agora a "bagunça" de frequências que está naquela região.

Várias antenas potentes, transmitindo as mais diversas programações, soltando na atmosfera dezenas de energias eletromagnéticas, formando um verdadeiro emaranhado de energias.

São invisíveis aos nossos olhos e não nos causam nenhum dano, mas estão ali, ao nosso redor!

Agora imagine que você está no meio da Av. Paulista com um simples rádio em sua mão.

Você liga o rádio e sintoniza uma estação qualquer.

Não gostou dessa música? Sintonize outra estação então... também não gostou?

Ok, vá passando pelas estações até encontrar uma música que lhe agrade.

Perceba que as diversas frequências foram sintonizadas em seu rádio, de acordo com a SUA vontade, num processo seletivo entre as diversas opções presentes no momento.

O seu rádio sintonizou apenas uma frequência por vez e ela ficou sintonizada no seu rádio até o momento em que você resolveu "mudar de estação".

Agora perceba bem uma coisa. Mesmo com o emaranhado de energias que existe, não só na Av. Paulista, mas no mundo todo, seu rádio sintonizou apenas uma energia por vez.

Sintonizou apenas aquela que VOCÊ escolheu... certo?

As demais energias e frequências do tal emaranhado foram simplesmente ignoradas pelo aparelho, apesar de estarem em volta dele o tempo todo.

Essas energias só pegaram no seu rádio no momento em que você sintonizou a frequência delas. Ao sair da frequência, elas simplesmente deixaram de atuar efetivamente sobre seu rádio, apesar de estarem ali, presentes na atmosfera ao seu redor.

Conosco ocorre exatamente o mesmo!

Diariamente, a todo instante, somos envolvidos pelas mais diversas frequências e energias astrais e de forma-pensamentos, sejam elas de Luz ou de Trevas, sejam elas conscientes ou não conscientes, boas ou más, leves ou pesadas.

Cabe a nós e apenas a nós, sintonizarmos a energia que queremos, as energias que nos fazem bem (ou não). Independentemente do lugar em que estejamos naquele momento.

Todas as vibrações estão presentes na atmosfera ao nosso redor, o tempo todo.

Desde forma-pensamentos felizes e prósperos, até forma-pensamentos depressivos e suicidas.

Cuidado para não sintonizar vibrações negativas. Mantenha seus pensamentos sempre em alta vibração.

Da mesma forma que um aparelho de rádio transmite os sons que estão sendo sintonizados por determinada estação, você também vibra de acordo com a energia que você está sintonizando no momento.

Não é à toa que, em algumas situações, pessoas mais sensitivas percebem quando você não está legal, mesmo que esteja sorrindo de orelha a orelha. Pois você está transmitindo uma vibração igual àquela em que você está sintonizado.

Por diversas vezes, já escutei alguém dizer: "Nossa, a energia aqui está tão pesada".

Pode até estar pesada, mas lembre-se que Deus está em TODOS os lugares. Portanto, basta sintonizar a "rádio" correta que a tal energia pesada será completamente ignorada por você, pois a sua sintonia estará elevada e sintonizada em Deus.

Como diz o Salmos 23: "Ainda que eu andasse pelo vale da sombra da morte, eu não temeria mal algum; porque Tu estás comigo".

Ou seja, não importa onde você esteja no momento.

Mesmo que você esteja em um lugar extremamente carregado de energias densas e negativas, a Energia Divina também está ali e está em todos os lugares, pois ela é Absoluta e Onipresente.

Mas, não basta Ela simplesmente estar ali. Você TEM de estar sintonizado a Ela! Pois, se você estiver sintonizando uma energia indesejável, as consequências podem ser desagradáveis.

E você, a qualquer tempo, é capaz de "sintonizar boas frequências". Basta que o seu "rádio interno" esteja em perfeita sintonia com a Luz Divina.

Quando se deparar com uma situação em que você esteja cercado por energias negativas, mentalize a seguinte frase por pelo menos quatro vezes.

"Eu sou a ressurreição e a vida, da minha perfeita sintonia com a Luz Divina".

Esse "mantra" é perfeito para ajustar o "dial" do seu rádio interno à "Estação Luz Divina".

Resumindo, basta que você, como um bom "rádio" que é, sintonize a boa energia independentemente do lugar ou situação em que você se encontra.

Mantenha seu "rádio" sintonizado SEMPRE na Luz Divina, na luz dA Luz.

CAPÍTULO XVII

A ENERGIA DAS IMAGENS

No texto "Informações úteis sobre os cristais", comentei que todos os objetos emitem para o ambiente uma vibração peculiar à sua estrutura.

O mesmo ocorre com fotos, desenhos e imagens. Nesse caso, eles não emitem a vibração do material (papel, tela etc.), mas, sim, a vibração daquilo que está retratado.

Os indígenas, antes de serem contaminados com a cultura branca, não se deixavam fotografar, pois imaginavam que suas almas ficariam aprisionadas nas fotos. Com toda a sabedoria indígena a respeito dos "fatos ocultos da vida", eles não estavam de todo errados.

As fotos não aprisionam a alma de ninguém, é claro! Mas a partir de uma lei da física que trata da "ressonância" (explicação resumida: interação entre corpos com igualdade de frequência), podemos afirmar que aquela imagem do indígena estampada na foto terá exatamente a mesma vibração (na frequência, não na intensidade) do próprio indígena.

É exatamente por isso que as fotos de pessoas são uma das principais fontes para se trabalhar em radiestesia e magia, seja ela branca ou negra. Quem aqui nunca levou a foto de alguém a um centro espírita, para por meio da foto podermos tratar ou ajudar a pessoa?

Cada pessoa emite uma frequência específica. Não existem duas pessoas emitindo a mesma frequência. É como uma impressão digital.

Exemplo:

Há uns meses, uma certa pessoa foi alvo de um trabalho de magia. Fizeram uma magia para prejudicá-la, emitindo sobre ela energias negativas. Para protegê-la, foi feito o seguinte: pegou-se uma foto dessa pessoa e a foto foi colocada em um gráfico radiônico específico para proteção contra magia. "Meditando-se" adequadamente sobre a montagem "gráfico + foto", criou-se uma energia de proteção em volta da pessoa.

Mas, como? Por meio da ressonância das frequências (da foto e da pessoa).

A energia de proteção foi aplicada à foto. Essa energia vibra no campo astral, encontrando seu alvo, a partir da similaridade de frequência, pois a frequência da foto é a mesma da pessoa e só daquela pessoa. Sendo assim, automaticamente, a energia do trabalho de proteção passou a vibrar sobre a pessoa, protegendo-a das energias negativas. (Assim embaixo como em cima, assim em cima como embaixo — Princípio da Correspondência, O Caibalion).

Outro trabalho praticado por outra "linha espiritual" foi o responsável por neutralizar a "fonte" das energias negativas.

Mas, é importante também perceber o seguinte: as fotos e imagens emitem vibração. Quando me dei conta disso, tirei de minha casa toda e qualquer imagem que tivesse um sentido triste, trágico ou negativo. Pois era isso que elas estavam emitindo dentro da minha casa. Por exemplo, substituí uma imagem do Cristo crucificado, por um quadro que eu mesmo mandei pintar, de um Cristo gargalhando. Isso mesmo, uma pintura de Jesus rindo, gargalhando, como se algum apóstolo tivesse acabado de contar uma piada.

Hoje em dia, só tenho expostas na minha casa imagens alegres e de sentido positivo.

Recebo semanalmente uma revista de grande circulação. Eu tomo sempre o cuidado de colocar as revistas com capas negativas voltadas para baixo.

E sugiro que cada um faça o mesmo. Sem neuras, mas evite deixar no seu lar, ou local de trabalho, qualquer imagem que não tenha um cunho evidentemente positivo. Sem perceber, às vezes deixamos matérias de revistas ou de jornais com fotos trágicas e negativas expostas, vibrando aquele momento para dentro de nossa casa. Evite deixar isso acontecer. Você vai perceber como o ambiente ficará mais alegre, mais positivo, mais leve.

CAPÍTULO XVIII

INTUIÇÃO, OUÇA A VOZ DA TUA ALMA

O texto deste capítulo será diferente.

Eu não vou dissertar sobre o assunto "intuição", mas vou descrever detalhadamente o que ocorreu comigo em um domingo, dia 1º de outubro, entre 10 horas da manhã e meio-dia. Os fatos ocorridos explicam bem o assunto em questão. Por isso tomei a liberdade (autorizada) de contá-los aqui.

No domingo pela manhã, fui tomado por uma dose excessiva de ansiedade. Seria o meu último domingo com 37 anos, visto que na quarta-feira faria 38. Esse pensamento ficou martelando na minha cabeça e sabia que eu tinha que fazer algo a respeito, só não sabia o quê!

Resolvi fazer uma caminhada pelas ruas do bairro, apesar do tempo chato e nublado.

O sentimento de ansiedade foi tanto, que enfim saí de casa. Eram 10 horas da manhã aproximadamente.

Saí sem ter noção de aonde iria, para onde iria. Sendo assim, fiquei ali parado na calçada por alguns segundos.

Sem saber o que fazer, simplesmente parei de racionalizar sobre o fato, esvaziei a mente e me permiti ser levado pela minha intuição.

Até que, instantaneamente, veio a primeira manifestação.

"Vá por ali" — disse uma voz interna. Para não gerar controvérsias exageradas, vou chamar essa voz simplesmente de "Voz da minha intuição". E esse é um tipo de "voz" que você não ouve com os ouvidos, mas, sim, com a mente consciente.

Obedeci e "fui por ali" tal qual me havia sido solicitado. Fui andando e refletindo sobre mais um ano de vida que havia se passado. As coisas boas e as coisas ruins etc. etc.

Pelo caminho tomado, acabei racionalizando a respeito e decidi que iria subir até a avenida movimentada e chegando lá veria o que iria fazer. Puro engano, pois minha "voz" me levaria para outro lugar.

Ao cruzar uma determinada rua, ouvi:

"Siga à direita nesta rua". Aquela ideia de ir até a avenida movimentada foi pro saco!

Segui à direita e, mais para frente, entrei à esquerda, conforme fui orientado novamente. Fui seguindo mais algumas orientações de caminho, até que percebi que estava sendo levado para o Cemitério Municipal de Curitiba.

Continuei a caminhada até chegar ao cemitério, porém, fui levado para um portão lateral que eu nem sabia que existia.

Ao entrar no cemitério, saudei a Linha Esquerda e as Almas, em uma breve e discreta saudação.

Nos meus tempos de Umbanda, fui instruído a praticar uma série de rituais que deveriam ser cumpridos ao entrar em um cemitério. Porém, eu nunca fui muito de ficar seguindo rituais, pois o que vale para mim é a INTENÇÃO.

Entrei e fiquei sem saber o que fazer, até que:

"Vá por ali" — indicou novamente. E foi assim até que me deparei com o Cruzeiro do cemitério. Local onde está localizada uma grande Cruz com várias velas queimando em volta, além de outros objetos.

Chegando lá, percebi o que estava ocorrendo. Fui levado até ali para limpar todas as negatividades, mágoas, tristezas, sentimentos ruins que ficaram impregnados em minha aura, no transcorrer do meu ano pessoal. Pois, dentro de poucos dias, entraria em um novo ano pessoal e deveria entrar LIMPO nesse meu novo ano.

Pois é, por mais maravilhosa que seja a vida, passamos por alguns momentos de sofrimento e estes deixam suas marcas. E lá estava eu, guiado pela minha intuição, pronto para limpar toda e qualquer marca negativa que estivesse sobre mim.

Posicionei-me em frente à Cruz e lá iniciei uma série de orações e vibrações para descarregar as negatividades. Senti um peso grande saindo de meus ombros e este sendo levado para a Cruz, onde, com certeza, a minha Linha Esquerda e meus Guias se encarregariam de neutralizar.

Enquanto eu trabalhava, um homem se aproximou da Cruz, cumprimentou-me e posicionou-se do outro lado, de modo que eu não pudesse vê-lo, pois ele estava bem atrás da Cruz. Comecei a ouvir o homem rezando, mas não conseguia identificar o que ele dizia.

Tudo bem, continuei com meu trabalho, sem qualquer interferência.

Porém, quando terminei meu trabalho e já estava pronto para ir, minha "voz" se manifestou novamente.

"Aguarda, pois você servirá de Pilar de Sustentação para o trabalho dessa pessoa."

Ao "ouvir" isso, levantei minha guarda, fechei os meus canais e terminantemente me neguei a ficar. E questionei:

"Eu não!! Eu não sei o que esse cara tá fazendo!! Nem o conheço!! Vou embora!!".

Porém, instantaneamente a voz do homem ficou um pouco mais alta e eu pude perceber o que ele dizia. Ele estava ali pedindo pela saúde de alguém. Como sempre trabalhei na Linha de Cura e senti de coração que o pedido era para o BEM, resolvi ficar e contribuir. Não abri os meus canais de proteção (Orai e Vigiai), mas ali permaneci em silêncio, servindo de sustentação.[15*]

Em determinado momento, veio uma nova manifestação, dizendo:

"Seu trabalho aqui terminou. Pode ir, sempre em frente e sem olhar para trás".

Fui!! Caminhando pelo cemitério, procurando o mesmo portão pelo qual havia entrado, uma placa de um dos túmulos me chamou a atenção. Li meio de relance enquanto passava, continuei caminhando alguns passos, mas não resisti. Contrariando à solicitação de minha "voz", voltei para ler com atenção o que estava escrito naquela placa.

E estava escrito:

"Eduardinho. Nascido e falecido em 23 de outubro de 1953".

E, logo abaixo, um lindo poema, uma homenagem de seus pais.

Parei um pouco ali e orei por esse Ser, para que ele estivesse em Paz.

No meio da oração, um pensamento perturbador me veio à cabeça:

---

[15] * Às vezes, um médium desprende uma energia muito forte em determinados trabalhos, o que o faz até perder os sentidos, dependendo do grau de desprendimento. Para isso, outros médiuns se posicionam próximos a ele, vibrando e doando uma parte de sua energia, em prol de um trabalho que geralmente deve ser de Cura ou Limpeza. Esses médiuns são os Pilares de Sustentação.

"Estaria eu orando para mim mesmo?".

A resposta para essa pergunta é:

"Eu não sei. E nunca saberei". Minha "voz" interna permaneceu em silêncio. Terminei o que estava fazendo, e fui embora dali, seguindo sempre em frente e sem olhar para trás, tal qual havia sido instruído...

Continuemos então:

Saí do cemitério, sem olhar para trás. E, logo na saída, a instrução foi:

"Volte pelo mesmo caminho que usou para vir." Pensei: "Putz, é uma volta bem grande, mas vamos lá!!".

E estava voltando em pleno silêncio, apenas pensando no que acabara de ocorrer e em como eu estava me sentindo bem, com a limpeza áurica que fiz (ou que fizeram para mim).

E, pela primeira vez desde que saí de casa, quis saber que horas eram. Liguei o celular para ver as horas, e me surpreendi com o que vi. O relógio marcava exatamente 11:11!!

Fiquei surpreso, pois esse é um horário todo especial. Algumas pessoas veem esse número com uma certa frequência e isso tem um grande significado esotérico.

Para começar, o horário 11:11 é especial, pois é um momento em que a região cruza um portal que, entre tantas outras funções, é capaz de materializar energias de força-pensamento.

Veja no capítulo "Dicas" uma dica muito boa sobre o que fazer quando visualizar o enigmático 11:11 em seu relógio.

Continuei andando e mentalizando coisas que quero realizadas (veja Dicas 11:11), quando ao me aproximar de uma esquina (uma encruzilhada...) ouvi:

"Atravesse a encruzilhada na diagonal". Cheguei na esquina e fiz tal qual me pediram. Cruzei na diagonal e fui parar na esquina de uma casa meio abandonada.

Ao chegar, parei tentando entender o significado dessa travessia em diagonal. Intuitivamente veio-me o seguinte pensamento:

"Nem tudo foi limpo no cemitério. Ainda tem uma energia densa que deve ser despachada nesta encruzilhada. Descarregue, com a mão esquerda em contato direto com a terra".

Aqui no bairro onde moro, as calçadas são largas e com um grande espaço com grama e terra. Daí ficaria fácil tocar a terra crua.

Abaixei fingindo amarrar o tênis (sempre discreto em qualquer situação) e apoiei a mão esquerda diretamente na terra. Senti o braço formigar por alguns momentos e mentalizei a energia densa sendo anulada na terra. A tal energia se foi para sempre. Senti outro grande alívio!!

Recomendo que todos, sempre que possível, tenham contato direto com a terra. É muito bom para equilibrar energias.

Levantei e continuei tocando a caminhada, convicto de que estava indo para casa, voltando pelo mesmo caminho que tinha ido. Porém, mais uma vez a "voz" fez o seu papel e me desviou do caminho.

"Suba à esquerda. Vá para a Igreja." Quando ouvi isso, entendi de imediato o significado e segui para a Igreja das Mercês (Igreja Franciscana. Excelente lugar. Eu recomendo uma visita aos sábados à tarde, quando não tem quase ninguém por lá e, dentro daquele silêncio, ouve-se uma música New Age tocando ininterruptamente. Garanto que você sairá de lá em Paz).

Agora explico o porquê de ir à Igreja: conforme já expliquei em outra "dica", quando passamos por uma limpeza áurica, o espaço que era ocupado pela energia negativa estaria agora completamente vazio, ou seja, existiria um buraco. Devemos preencher esse buraco com uma Luz e aí está o papel da minha ida à Igreja. Um lugar santo, ideal para "encher o tanque" de minha aura, com energia de Luz pura.

Entrei na igreja bem na hora em que ela estava esvaziando, pois tinha acabado uma missa, que, creio eu, era um batizado.

Fui entrando meio sem rumo, imaginando que iria sentar em um dos bancos e ali fazer minhas orações, mas:

"Volta, pega água benta e vai até o Cristo Crucificado". Voltei, peguei a água benta e me dirigi até uma grande estátua que tem na lateral da Igreja, em que o Cristo está preso na Cruz e logo abaixo d'Ele estão (se não me engano) Maria de Nazaré e Maria Madalena.

Sentei próximo a essa obra e ali fiquei por alguns minutos. Comecei a pensar e a tentar racionalizar o que teria que fazer, mas acabei simplesmente esvaziando minha mente. E uma parte de uma canção me veio à cabeça:

"Me disseram, porém, que eu viesse aqui
Pra pedir de romaria e prece paz nos desaventos
Como eu não sei rezar
Só queria mostrar meu olhar, meu olhar, meu olhar."[16*]

E, para encontrar a resposta, esvaziei a mente de qualquer pensamento. E a resposta veio por meio dessa canção.

Eu não precisaria simplesmente ficar ali fazendo orações. Bastava apenas estar ali, de coração aberto, mostrando ao Mestre meu singelo olhar, como que pedindo a Ele Paz nos desaventos e me deixando absorver a Luz Branca intrínseca daquele lugar, iluminando e enchendo os "buracos" de minha aura.

Fiquei ali alguns minutos. Mente limpa, sem pensar em nada.

Até que:

"Vamos embora". Levantei-me e saí devagar da Igreja, saudando o altar e fazendo uma bênção de água benta. Fui caminhando sem olhar para trás. Naquele momento eu senti uma força indescritível, uma alegria enorme, senti a PLENITUDE da vida. Plenitude essa que apenas as pessoas que têm Fé podem sentir.

Caminhei até minha casa e aqui cheguei, totalmente diferente de "há duas horas". E assim "terminou" minha caminhada naquela manhã de domingo toda especial.

Vivi o resto do meu domingo normalmente.

E eu nunca revelaria nada a ninguém, se não tivesse ocorrido um fato no domingo à noite, pouco antes de ir dormir.

Depois que terminou um programa esportivo na TV, eu fiz algo que não fazia há algum tempo. Peguei um desses livrinhos de mensagens em que a gente aleatoriamente abre em alguma página e lê a mensagem que está escrito. Fiz isso, abri em uma página qualquer e lá estava a seguinte mensagem:

"Entrega-te ao Caminho Interno sem racionalizar. Procura sentir as energias e entender com o coração os 'sinais' que tua alma envia" (Mestre El Morya da Grande Fraternidade Branca).

---

[16] * Romaria, de Renato Teixeira, nas vozes de Elis Regina, Sérgio Reis, entre tantos outros.
Saliento que essa foi uma peça que minha "voz" me pregou. Pois eu estava meio afoito tentando decidir qual oração faria: Pai Nosso? A Divina Ordem? Salmos 91? Prece de Cáritas?

Coincidência ter caído justo nessa página? Claro que não. Cada vez mais, eu me convenço de que "existem MUITO mais coisas entre o céu e a terra do que possa julgar nossa vã filosofia" (William Shakespeare, 1602).

A questão não é "ver para crer", mas, sim, "CRER PARA VER".

Siga tua vida com Fé, ouça a tua intuição, quando não souber o que fazer esvazia a mente e aguarda que a resposta virá!! E tenha ciência de que tua alma sempre te diz a verdade.

Jesus caminhou sobre as águas, pois em momento algum ele racionalizou sobre as leis físicas que o fariam afundar. Ele simplesmente FOI, guiado pela sua Fé Infinita, pela voz de Sua Alma de bondade infinita. "Vá em Paz, tua Fé o Salvou", dizia sempre àqueles que o procuravam e que se curavam ao chegar perto d'Ele.

O que aconteceu nesse dia não faz com que eu seja uma pessoa especial. De forma alguma eu teria a pretensão de pensar dessa forma. O que ocorreu foi apenas fruto de minha Fé e do fato de eu ter ouvido a minha "voz" interior, que me levou a uma das experiências mais sensacionais da minha vida. Eu FUI!

Todos nós temos esse dom. Todos nós podemos ouvir nossas vozes interiores. TODOS!!!

Basta querer! É uma experiência que eu recomendo a todos vocês.

Fico por aqui, desejando muita Paz e muita Luz a todos os amigos.

CAPÍTULO XIX

A ORAÇÃO DE SÃO FRANCISCO DE ASSIS

Neste capítulo, vou deixar apenas uma oração... a mais bela de todas.

"Senhor,
Fazei de mim um instrumento de vossa paz!
Onde houver ódio, que eu leve o amor.
Onde houver ofensa, que eu leve o perdão.
Onde houver discórdia, que eu leve a união.
Onde houver dúvida, que eu leve a Fé.
Onde houver erro, que eu leve a verdade.
Onde houver desespero, que eu leve a esperança.
Onde houver tristeza, que eu leve a alegria.
Onde houver trevas, que eu leve a Luz.
Ó Mestre,
Fazei que eu procure mais consolar que ser consolado.
Compreender que ser compreendido.
Amar que ser amado.
Pois é dando que se recebe,
Perdoando que se é perdoado,
E é morrendo que se vive para a vida eterna!
Amém." (São Francisco de Assis)

Pois não basta apenas pedir... temos também que oferecer.
Por ora, é só! Obrigado.

CAPÍTULO XX

ENERGIA CONCENTRADA (EGRÉGORA) X ENERGIA DISPERSA (DESPERDÍCIO)

Neste texto, vou abordar um assunto muito importante que é a dispersão de energia. Isso mesmo, energia dispersa é energia jogada fora, ou mal aproveitada.

Certa vez, tive a oportunidade de acompanhar um "evento religioso", que mais parecia um pregão da bolsa de valores. Muitas pessoas surtando, cantando, chorando, se debatendo, caindo ao chão, gritando, esperneando. Por favor, não me perguntem onde eu estava.

(Antes de prosseguir, quero deixar claro que na Umbanda, por exemplo, os médiuns geralmente vão ao chão quando incorporam uma entidade, o que é absolutamente normal, visto a experiência da incorporação ser absolutamente forte e literalmente nos levar ao chão. Nas poucas vezes que incorporei, pude perceber nitidamente a grande força que é gerada nessa "experiência". Além do que, toda a energia do local é coordenada pelo Pai de Santo, trazendo harmonia. Disse isso, pois incorporação é diferente de "surto").

Pois bem, naquela ocasião do tal "evento religioso", pude ver as energias se cruzando freneticamente, sem rumo, sem razão, sem sentido. Era tudo uma grande bagunça, e as energias (de várias cores e intensidades) criadas nas crises de surto vagavam pelo espaço sem um foco definido e se dispersavam, sem nada alcançar, ou alcançando muito fracamente, sem surtir efeito algum. Quanto desperdício. O resultado final disso tudo foi um monte de gente cansada, esgotada e suada. Só isso. Não estou aqui para julgar nada nem ninguém, estou apenas relatando um fato que tive a oportunidade de presenciar, como um mero espectador. E tirei minhas próprias conclusões.

Em outra oportunidade, participei de um trabalho, em que todos se mantinham em silêncio, concentrados apenas em uma voz principal que passava as instruções de "pensamentos". Tínhamos todos um objetivo em comum. Todos nós, unidos, ligados, focados, alcançaríamos esse objetivo. E alcançamos, pois conseguimos criar uma EGRÉGORA efetiva, harmônica e eficaz.

Egrégora é o nome que se dá à energia criada em conjunto por várias pessoas, unidas e focadas em um só pensamento. O poder de uma egrégora é praticamente infinito. Pode-se ver os pensamentos de todos unindo-se em um único ponto e desse ponto seguindo rumo ao seu objetivo, como se fosse um "raio laser".

Imagine a força disto: todas as energias concentradas em um único ponto.

O que quero dizer com essas duas experiências é que, em qualquer trabalho espiritual que vamos fazer, seja ele individual ou coletivo, temos de estar muito concentrados em nosso objetivo, atingindo-o como se nossa energia fosse o tal "raio laser". Só dessa forma ele será eficaz. A concentração vem da meditação e a meditação vem do silêncio e do relaxamento completo do corpo físico.

Quer trabalhar e quer ter resultados? Então pare, sente-se em uma posição confortável, respire profundamente, tire de sua cabeça os pensamentos da rotina do dia a dia, una todos os chacras por meio de uma linha energética que vem do alto, passe por todos eles e continue seu caminho até o centro do planeta. Imagine seu Mentor Espiritual (alguns chamam de Anjo da Guarda) próximo a você, auxiliando em seu trabalho, a partir da intuição e proteção. Interiorize-se, concentre-se naquilo que deseja, e mande a sua energia para o Universo (ou melhor dizendo... Deus), na forma concentrada e focada. A Lei da Ação e Reação fará o resto por você.

E se for um trabalho coletivo? Estabeleçam o objetivo e elejam um entre vocês para ser o orientador, aquele que vai dizendo o que todos devem "pensar". Funciona como aqueles caras que ficam na frente dos barcos em competições de remo, ou mesmo como um maestro frente a uma orquestra. Para que tenham melhores resultados, um precisa dirigir o trabalho e unir a todos em um só propósito, um só objetivo, um só pensamento. Só dessa forma será criada a EGRÉGORA, que é fundamental para os bons resultados de uma mentalização espiritual. (Por isso, em trabalhos coletivos, a importância do Padre, Pastor, Pai de Santo, Sacerdote etc.)

Lembrem-se: nada de surtos, choradeiras, gritos. A espiritualidade não é um espetáculo, muito menos um show musical ou peça de teatro. A espiritualidade é o silêncio, a interiorização, a concentração, a discrição, a humildade e, principalmente, A FÉ!

(É importante lembrar que, às vezes, chorar é um sentimento bom, colocando para fora aquilo que está incomodando. Quando cito as tais "choradeiras" que já presenciei, me refiro aos surtos de "querer aparecer", ok? Lágrimas com sentimento verdadeiro são sempre bem-vindas!)

Em tempo: não creio que existam relatos do Mestre Jesus tendo surtos de fé junto a Deus. Ele se afastava e meditava, como que conversando consigo mesmo, pois Deus está dentro d'Ele. E dentro de cada um de nós.

Durante o Sermão da Montanha, Jesus disse:

"Quando orardes, não façais como os hipócritas, que gostam de orar de pé nas sinagogas e nas esquinas das ruas, para serem vistos pelos homens. Em verdade eu vos digo: já receberam sua recompensa. Quando orardes, entra no teu quarto, fecha a porta e ora ao teu Pai em segredo; e teu Pai, que vê num lugar oculto, recompensar-te-á. Nas vossas orações, não multipliqueis as palavras, como fazem os pagãos que julgam que serão ouvidos à força de palavras. Não os imiteis, porque vosso Pai sabe o que vos é necessário, antes que vós lho peçais". (Mateus 6:5)

Bom trabalho!

CAPÍTULO XXI

A NOVA ERA, A ERA DE AQUÁRIO

Muito se ouve dizer a respeito de uma "NOVA ERA".

Mas, o que ela significa?

O que hoje chamamos de NOVA ERA refere-se à Era de Aquário, que chegou recentemente.

Entre as Eras de Peixes e Aquário, passamos pelo período de transição, o que já foi efetivamente concretizado. Alguns dizem que o início da transição se deu na década de 1950 e o fim da transição se deu em 2012, ano que marcou o final do Calendário Maia.

Mas, antes de falar dela, vamos entender um pouco mais sobre esse conceito, tão ligado à ciência da Astrologia.

Em nosso período histórico, as "Eras" iniciaram aproximadamente no ano de 4.000 a.C.

A Era de Touro (aproximadamente 4000 a 2000 a.C.) foi o início da atual civilização, com o estabelecimento de tribos, o cultivo da terra e a agricultura.

Na astrologia, é o signo da realização material, do estabelecimento de uma situação concreta. Pois bem, poderíamos entender a Era de Touro como o estabelecimento da atual civilização em nosso planeta.

Durante a Era de Touro, o touro foi adorado e venerado no Egito (representado como o deus-boi Ápis) e na Grécia com o culto ao Minotauro (criatura com cabeça de Touro e corpo humano).

Após a Era de Touro, nosso planeta entrou na **Era de Áries**, que iniciou por volta do ano 2.000 a.C. Começaram as guerras, as grandes conquistas, as grandes aventuras em busca de terras e poder.

Essa foi uma era marcada pelo espírito pioneiro e conquistador, característico do signo de Áries. Coincidência?

Durante a Era de Áries, o cordeiro surgiu em inúmeras manifestações religiosas (como Amon-Rá, o deus com cabeça de cordeiro, ou a arca de ouro em forma de cordeiro que o povo judeu guiado por Moisés criou para venerar). Talvez nessa época também tenha surgido a expressão: "Cordeiro de Deus".

Cada Era tem também seus "avatares", que seriam figuras históricas que concentrariam todas as características que elas carregam.

Moisés, por exemplo, que guiou o povo judeu pelo deserto teria sido um avatar da Era de Áries, bem como Cristo teria sido um avatar da Era de Peixes. Já da Era de Touro eu realmente não sei quem poderia ter sido um avatar.

Chegamos então à **Era de Peixes**, que iniciou no ano 1 d.C. O fato mais relevante que marcou o início dessa era foi o nascimento de Jesus. Jesus nasceu durante a transição entre as eras de Áries e Peixes, exatamente no dia 21 de agosto do ano 6 a.C. Algumas pessoas podem querer me excomungar por divulgar essa informação, principalmente pelo fato de sugerir que comemoramos o Natal no dia errado. Mas o importante é salientar que a vinda desse Mestre Universal ocasionou uma enorme mudança no rumo de nosso mundo.

Ele deixou uma mensagem de amor, ensinando-nos a respeito de um Deus único e absoluto. Um Deus bondoso e amoroso que nos guia e ilumina. Ensinou-nos que a humanidade existe para ser feliz, para amar, respeitar e ajudar uns aos outros.

A maior mensagem Desse Mestre é: "Amai Uns Aos Outros Como Eu Vos Amei". Sendo assim, nada justifica as guerras, dogmas, limitações e preconceitos que foram criados pelos homens em Seu Nome. Pois a única lição que Ele nos deixou foi a do Amor Incondicional. Só lamento a deturpação sofrida pela Sua mensagem, em benefício da ganância, do ego e fome de poder de alguns humanos.

Uma coisa quero deixar bem clara. Uma Era não dá lugar a outra do dia para a noite. Esse é um processo gradativo que pode levar muitos anos. Portanto, as datas expostas são apenas aproximações.

Conforme já comentei, o início da transição "Peixes-Aquário" se deu durante a década de 1950 e seu final foi concretizado em 21 de dezembro de 2012.

Pois bem, a Era de Peixes foi embora e chegamos à **Era de Aquário**.

(Percebeu que as eras caminham "ao contrário" nas casas zodiacais?)

Com o advento da Nova Era, já podemos perceber o avanço tecnológico, a comunicação em massa, a conquista do espaço e o principal: a liberdade de expressão e de pensamento. Já podemos trabalhar as ciências astrológicas, ocultistas e ufológicas, sem sermos queimados em fogueiras. Ainda bem, né?

A Era de Aquário (teoricamente falando) será marcada pela conscientização do indivíduo. Uma consciência de amor e fraternidade, uma ligação maior entre seu corpo material e as forças superiores que regem os Universos.

Só tem um problema: infelizmente, a grande maioria da população mundial ainda não acordou para essa Nova Era.

Como é que, nos dias de hoje, alguém pode agir com tanto ódio, egoísmo e indiferença se as palavras que reinarão na Nova Era são: amor, fraternidade e sabedoria?

A Era de Aquário não vai trazer tudo isso "de bandeja". Nós teremos de conquistar esta "promessa" positiva que está embutida nela. Seremos desafiados a escolher o certo e o errado, tanto quanto fomos em outras Eras.

Por exemplo, a Era de Peixes poderia ter sido muito melhor em termos de compaixão, abrandamento de nossas características mais destrutivas e agressivas, e não foi isso que ocorreu. Ao invés disso, apareceu o lado negativo de Peixes, como a cegueira (não querer enxergar o caminho correto), a incompreensão e a histeria (as Santas Inquisições, por exemplo).

Pois é, tudo indica que temos a chance de vivermos em um mundo melhor. Só depende da conscientização de cada um.

Sendo assim, cada indivíduo pode começar fazendo a sua parte: evitando qualquer forma de pensamento negativo, sentimentos de tristeza injustificada, de avareza, de ganância, egoísmo e indiferença frente aos absurdos a que somos expostos no dia a dia.

Na Nova Era, serão quebrados velhos dogmas, conceitos e determinadas regras absurdas que foram impostas ao longo dos tempos pela ignorância humana (jamais pelo amor Divino).

A única finalidade desses dogmas, conceitos e regras é impor a todos nós uma série de limitações; tanto físicas quanto emocionais e espirituais. Algumas "regras" (se é que podemos chamá-las assim) para se atingir a plenitude e a evolução tanto no plano material quanto no plano superior são:

Ame e respeite o mundo em que você vive.

Ame e respeite a todos os seres vivos que convivem com você neste mundo.

Dê o melhor de si em tudo o que fizer, seja no seu trabalho, na sua casa, no lazer, onde estiver.

Faça as coisas de modo correto e sábio, levando em consideração o seu bem-estar e o das pessoas que serão influenciadas pelas suas atitudes.

Mantenha o perfeito equilíbrio e sinergia entre a razão e a emoção.

Antes de tudo, creia em você. Você pode, você é capaz.

Creia em uma Força Superior, ligue-se a ela e aproveite toda a sensação de paz, amor, felicidade, além de todo o conhecimento que ela pode te passar a respeito da VIDA.

Creia, sim, mas com o pé no chão, sabedoria e consciência.

Temos uma nova era pela frente, para tentar mudar o mundo, para melhor!

CAPÍTULO XXII

MÁS VIBRAÇÕES PODEM PREJUDICAR O FUNCIONAMENTO DO COMPUTADOR

Essa matéria eu tinha de colocar aqui!

Estava eu olhando as notícias sobre tecnologia no site Terra, quando me deparei com a seguinte chamada:

Más vibrações podem prejudicar funcionamento do PC

É obvio que cliquei para ver o que era. E não é que "descobriram" que os pensamentos de uma pessoa podem influenciar no funcionamento de um computador?

Eu já sei disso faz tempo, e a grande maioria do povo aqui também sabe.

Aliás, digo mais: os pensamentos podem influenciar em muito mais coisas do que apenas no funcionamento dos PCs. Mas tiveram que pesquisar por 26 anos para chegar a essa conclusão. Parabéns aos autores do estudo.

Segue a íntegra da matéria[17]:

Más vibrações podem prejudicar funcionamento do PC

Aquela história de "não deixe seu computador saber que está com raiva dele" pode, quem diria, ter um fundo de verdade. Pelo menos é o que sugerem alguns estudiosos da Universidade de Princeton, nos EUA. Depois de realizarem um estudo, eles concluíram que o funcionamento de algumas máquinas pode ser afetado por "más vibrações" vindas de usuários que não se dão muito bem com a informática.

---

[17] Disponível em: https://tecnologia.terra.com.br/interna/0,,OI622004-EI4801,00.html. Acesso em: 15 jul. 2008.

O Laboratório de "Anomalias da Engenharia" da universidade pesquisou o tema por nada menos que 26 anos. E a conclusão foi realmente perturbadora: o desempenho de dispositivos mecânicos e eletrônicos pode ser, sim, mudado por pensamentos pré-formulados de seus usuários. Isso aconteceria porque um número muito pequeno de pessoas consegue emitir fortes "vibrações" negativas.

Resumindo, pessoas "azaradas" podem comprometer o funcionamento de máquinas mais ou menos complexas. Isso explicaria o motivo de alguns usuários estarem sempre às voltas com problemas imprevisíveis em seus computadores. Para essas pessoas, o técnico em computação Lyle Melnychuk tem um conselho: voltar ao papel e à caneta.

Pois é. Isso serve para provar que nossos pensamentos vibram no Universo e podem ter ação onde menos imaginamos. E quem diz isso não sou eu. São os cientistas da Universidade de Princeton.

Quando pensamos, vibramos ou agimos, emitimos uma frequência característica a esse ato. E essa frequência pode ser captada não apenas por seres vivos, mas também por seres inanimados. Por isso, é recomendável evitar que pessoas negativas toquem em objetos que te pertencem, pois a vibração pode ficar ali impregnada. E essas pessoas gerando "força-pensamento" podem, por uma questão de ressonância, entrar na vibração do objeto e alterar sua condição vibracional ou até mesmo física, mesmo que sutilmente.

E quem quiser confirmar essa informação de forma contundente, basta pesquisar sobre a experiência chamada "Dupla Fenda", sendo que, em um dos pontos ela relata que um mero observador pode alterar o comportamento de uma partícula ou de uma frequência pelo simples fato de observar e desejar um comportamento específico dessa partícula ou frequência. E ela se comporta como tal. Basta um pensamento! Esse experimento também está descrito no documentário "Quem somos nós", disponível no Youtube.

Está comprovado pela ciência, então: Orai e Vigiai, sempre!

CAPÍTULO XXIII

TUDO POSSO N'AQUELE QUE ME FORTALECE

Quem ainda não ouviu essa frase? E esta: a fé remove montanhas? Pois saiba que essas duas frases refletem a mais pura verdade.

Eu só gostaria de fazer uma leve correção na primeira frase. Veja: "Tudo posso, Naqueles que me fortalecem".

É claro, pois temos de ter ciência de que somos os principais responsáveis pelo nosso fortalecimento ou enfraquecimento.

Primeiro temos de ter em mente o nosso poder interno, a nossa força interior e só assim Deus poderá agir em nossa vida com plenitude.

O princípio da dualidade assegura isto: o filho crê em sua própria glória, assim como crê na Glória do Pai. Com essa dualidade estabelecida e concretizada, a Glória do Pai, suas bênçãos e virtudes recaem sobre os amados filhos, trazendo-nos Paz, Harmonia, Alegrias, Felicidades e inúmeras realizações.

Tenha em mente que, nos momentos mais difíceis de sua vida, o poder dessas duas frases fará uma grande diferença, desde que você acredite realmente na força dessas palavras e em toda a Verdade inscrita em cada uma delas. Mentalize essas duas forças, com a plenitude de sua verdadeira alma. E veja como sua vida irá mudar e melhorar em todos os aspectos.

A Fé realmente remove montanhas, sabia? E com essa Fé Plena e Absoluta você tudo poderá naqueles que o fortalecem.

Por exemplo:

Jesus, o Cristo, sempre repreendia os apóstolos com as palavras: "homens de pequena Fé". E isso tinha uma razão de ser. Razão essa que podemos levar para nossas próprias vidas. Veja esta passagem:

Jesus estava andando sobre as águas do mar. Pedro também tentou essa façanha, porém, caminhando alguns passos, ele afundou. Afundou, pois em algum momento ele "titubeou" na sua Fé. Se não tivesse dúvida nenhuma sobre seu próprio poder, ele andaria sobre as águas, tal qual fez Jesus. (informação disponível em: Mateus 14:22-33, Marcos 6:45-52, João 6:16-21).

Veja a situação de Pedro e faça uma analogia com a frase "tudo posso n'Aquele que me fortalece".

Jesus era a fonte fortalecedora de Pedro. Jesus fortalecia Pedro naquele momento e Pedro, vendo que "Tudo posso", iniciou sua caminhada sobre a água. Porém, a fonte maior de força deveria ser a do próprio Pedro, que não teve Fé o suficiente e veio a afundar.

Mas, Jesus, assim como Deus, não desampara os seus filhos e estende seu braço, amparando Pedro, para que ele possa reerguer-se. Porém, não sem antes passar uma lição.

Veja esta passagem da Bíblia:

"Mas Pedro, sentindo o vento forte, teve medo; e começando a ir para o fundo, clamou dizendo: Senhor, salva-me; E logo Jesus, estendendo a mão, segurou-o e disse-lhe: Homem de pequena fé. Por que duvidaste?" (Mateus 14:30,31).

Isso que ocorreu com Pedro ocorre conosco também em vários momentos de nossas vidas. Perceba: temos nossa força em nós mesmos e em Deus. A partir do momento em que duvidamos dessa Força Universal, tendemos a afundar.

E é nesse momento em que clamamos e pedimos (Senhor, salva-me; disse Pedro) que a Mão de Deus vem em nosso socorro e nos resgata.

E Deus nos estende a sua mão sempre que pedimos com o coração e com Fé absoluta. "Pedi com Fé e recebereis", sempre dizia nosso Mestre.

Entendeu o que eu quis dizer relatando essa passagem?

Deus está sempre emanando Sua Luz para o mundo e cabe a nós estarmos sintonizados nessa Energia, nessa Força. Temos de sintonizar em pensamentos, vibrações, atitudes, Fé e coragem. Para que a gente possa se "banhar" com essa força e nos fortalecer sempre mais.

É com essa constante sintonia que Deus estará sempre conosco, amparando-nos e nos glorificando. É nesses momentos que coisas ocorrem em nossas vidas, sem qualquer explicação, mas com certeza serão coisas que nos ajudarão. É a mão de Deus, é o poder de nossa Fé.

Eu mesmo já tive vários exemplos disso e conheço pessoas que testemunharam a Mão de Deus em suas vidas. São pessoas que passaram por grandes dificuldades e hoje têm uma vida carregada de êxitos e sucessos. Não apenas financeiro, pois isso é apenas uma pequena parte da engrenagem, mas, sim, a felicidade e a realização. E essas geralmente são pessoas de muita fé em Deus e, principalmente, em Si Próprios. Acreditam sempre que tudo vai dar certo.

Quando dizem que a fé remove montanhas, não imagine que você estará ao pé de uma montanha e conforme sua ordem a montanha irá se deslocar para lá, ou para cá. Mas substitua o termo "montanha" por "obstáculo" e que esse obstáculo pode estar no caminho de sua vida. A força de sua Fé com certeza removerá esse obstáculo e seu caminho será percorrido livremente.

Alguns obstáculos são cármicos ou mesmo evolutivos. Dessa forma, eles não serão simplesmente removidos de seu caminho, mas com o poder da sua fé, eles podem ser atenuados. E você caminhará sobre eles com muito mais facilidade, transpondo com sucesso mais uma barreira imposta pelas condições de nossas vidas.

Existem obstáculos que você terá que atravessar (cármicos, por exemplo), mas existem também aqueles que não fazem parte de sua missão nem de seu plano evolutivo. Foram colocados ali pela mesquinhez, inveja e maldade humana. Sinto dizer aos incrédulos, mas esses obstáculos são facílimos de transpor. Basta lembrar que "a sua fé remove montanhas" e que você "tudo pode naqueles que o fortalecem", e aquilo que está te impedindo o progresso simplesmente virará fumaça em menos de uma fração de segundo. E você estará com o caminho livre, para prosseguir com a história de sua vida. Percebeu?

Para citar um caso real, vou comentar a respeito de uma pessoa que conheci que passou por pelo menos duas grandes dificuldades na vida. Um problema contábil que poderia levá-la à prisão e uma grande dívida cobrada injustamente, que acumulada estava crescendo a cada dia. Lembro que em momento algum ela se deixou abater. Rezava e rezava, pedia uma intervenção Divina e agia de modo sábio para tentar minimizar os problemas. E com uma Fé muito grande ela conseguiu livrar-se desses dois grandes problemas. O problema contábil foi desvendado por um acaso e se verificou que não houve má-fé de sua parte, livrando-a da prisão e se encerrando o processo. Em relação à dívida, esta misteriosamente sumiu do banco de dados do credor. Ela simplesmente estava "quitada" sem qualquer explicação. Quando questionada sobre o que pode ter ocorrido, essa pessoa apenas diz: "Só pode ter sido Deus, que me ouviu e me estendeu a mão!". Dou minha palavra que o relatado é absolutamente verdadeiro, e ocorreu com uma pessoa muito próxima de mim.

Creia sempre que você pode, que você é capaz, que existe um Pai que olha por você. Dessa forma as coisas sempre vão fluir para o lado certo, para o lado que vai trazer a verdadeira Paz para sua vida.

Basta você buscar, não só com Fé e pensamentos, mas também com atitudes. Com ações.

Tudo que determina a nossa felicidade e nossas realizações baseia-se em um conjunto de muitas variáveis. Porém, todas essas variáveis estão suscetíveis aos Pilares: FÉ, SABEDORIA e ATITUDES. Com esses Pilares alinhados e centrados, você terá resultados muito melhores em todos os aspectos de sua vida.

Eu sei que muitas pessoas são felizes sem ter fé, muitas são felizes sem sabedoria e tantas outras são felizes sem atitudes. E você de repente está infeliz com alguma situação. Pois saiba que cada um tem sua história, cada um tem seu karma, cada um tem sua missão, cada um tem seu destino. Não se preocupe com a felicidade alheia e pense apenas na SUA trajetória. Nunca na dos outros. Não se compare a ninguém, pois você é um ser único no Universo. Não meça sua felicidade pela felicidade alheia. Não queira ser mais do que ninguém. Queira apenas transpassar as SUAS PRÓPRIAS limitações. Não veja a felicidade alheia, mas perceba, sim, a infelicidade alheia e estenda sua mão no sentido de poder ajudar alguém que está sofrendo algum infortúnio. Esse é o real sentido desta "roda" de sentimentos chamada "felicidade". Percebeu?

Tua Fé removerá os obstáculos, e você poderá tudo, naqueles que o fortalecem.

E com essa Força plena e absoluta, peça a Deus que o ampare, guie e ilumine. Mas, você também tem de pedir a Deus que você seja um guia de Paz, Luz, Alegria e Felicidade para aqueles que precisam.

Se você espalha ao mundo amor e alegria, terá amor e alegria de volta, que lhe serão amorosamente entregues (retribuídos) pelo Universo. Percebeu?

CAPÍTULO XXIV

A LINHA ESQUERDA, OS EXUS

Esse é um assunto deveras delicado. Poucos têm coragem para falar de Exu em um ambiente público. E, menos ainda, têm coragem para defendê-los.

Falar de Exus, Pombagira, ou demais entidades da chamada "Linha Esquerda", pode ser mal visto. Porém, como eu disse na apresentação deste livro, neste espaço não existe lugar para dogmas, preconceitos ou limitações.

Eu já tive horror a Exus. Até o dia em que me deparei com um deles bem na minha frente. O temor pouco a pouco foi se transformando em segurança. Repeti comigo mesmo a famosa frase: "E ainda que eu andasse pelo vale da sombra da morte, eu não temeria mal algum, porque Tu estás comigo".

Ele apenas sorriu e perguntou: "No que eu posso te ajudar?".

Conversamos por alguns minutos e no meio da conversa expus a razão pela qual eu estava ali. Notei nele uma certa alegria e satisfação, pois o meu pedido foi para o bem. Não posso falar mais a esse respeito, mas notei naquele ser uma vontade muito grande de me ajudar, um empenho muito grande em suas palavras, para me explicar tudo o que estava ocorrendo e porque estava ocorrendo. Apesar de severo e rude com as palavras, notei que ele trabalharia incansavelmente, pelo bem de uma causa justa.

Depois desse dia, passei a querer entender e saber mais a respeito dessas entidades. A partir desse dia, parei de temer, passando a respeitar. Hoje sei que a Linha Esquerda é a responsável direta pela limpeza das energias mais baixas que existem em nosso mundo.

Os Exus, geralmente, são entidades que em vida foram pessoas geralmente más, cruéis, que andaram praticando algumas maldades (mera interpretação do autor). Por suas ações, essas pessoas "viveram" praticamente nos limbos da espiritualidade, "locais" de pouquíssima Luz. Podemos dizer que muitos tiveram vidas até que normais, sendo médicos, advogados, donos de grandes terras, senhores de engenhos, grandes comerciantes, e que tiveram oportunidades de fazer o bem. Porém, optaram pelo caminho mais fácil dos prazeres. E, para alcançar esse prazer, não se detiveram ante o fato de prejudicar (ou até mesmo matar) um semelhante. Esta é a diferença: não há mal algum em se ter prazeres na vida, porém, a partir do momento em que seu prazer e satisfação dependem da desgraça de outro, o Universo trata de "compensar" as coisas.

Porém, para todo aquele que tem o coração arrependido por seus atos e que pretende gradativamente evoluir e buscar a Luz, as Leis Divinas em sua infinita misericórdia lhes oferecem algumas chances. E entre elas está a opção de ser um Exu e poder servir ao homem em todas as suas vontades. Sejam elas boas ou ruins.

Quem diz que o Exu é o "escravo do diabo" está redondamente enganado.

O Exu serve apenas à VONTADE DO HOMEM, além da própria vontade, é claro.

Os Exus estão vibracionalmente muito próximos do mundo material, mais denso, mais pesado. As ações e vibrações dos Exus também refletem a índole de seus "cavalos" (médiuns que os incorporam), assim como das pessoas que se dirigem a eles para fazer um pedido.

Perceba uma coisa: vivemos em um mundo em evolução e provação. Sim, temos de provar para nós mesmos que somos bons, que temos direito a mais Luz, para assim podermos evoluir e chegar mais cedo e mais iluminados à Casa do Pai (vide texto "Eu evoluo, nós evoluímos, Deus evolui! Como?").

Porém, nem tudo no caminho é flor! Deus nos deu o Livre-Arbítrio para optarmos pelos rumos que tomamos em nossa vida. Inclusive nos deu todas as ferramentas para praticar o Bem e também o Mal! Cabe a nós decidir. Essa escolha é nossa, e cabe a nós arcarmos com as consequências!

Muitas pessoas pedem que os Exus prejudiquem alguém, que levem alguém à ruína e à desgraça. Por mais incrível que possa parecer, isso acontece em enorme intensidade. E os Exus simplesmente obedecem, desgraçando vidas a mando de pessoas motivadas pelo ódio, pela pura maldade, pela ganância, ou (o que é mais comum) pela inveja.

Mas, a culpa de quem é? Do simples servidor, ou daquele que manda? Pense a respeito. E imagine o lugar que está reservado a uma pessoa dessas. Em meus anos de experiência, já vi situações das mais absurdas, envolvendo a maldade humana. É muito importante salientar que esses contatos com a Linha Esquerda se dão em Terreiros de Umbanda, Candomblé, Quimbanda. E, na grande maioria desses terreiros, é terminantemente inaceitável realizar algum pedido para o mal de outra pessoa. A quem chega com um pedido desse nível, ele é simplesmente convidado a se retirar. Muito importante salientar essa informação, pois esses terreiros citados seguem a doutrina Cristã (em sua maioria).

Dito isso, experimente chegar para um Exu e pedir para ele ajudar alguém, tirar uma pessoa do vício, limpar energias negativas, tirar encosto de alguém. Você também será atendido e com muita satisfação.

Certa vez, umas pessoas mal-intencionadas fizeram uma demanda pesada para prejudicar minha família. E quem veio em nosso socorro foi um Exu, que limpou toda a energia e devolveu a demanda. É claro que, com nossa Fé e o poder dos Salmos (já relatados neste livro), aquilo não iria nos atingir em grande intensidade. Mas contamos com uma preciosa ajuda, que veio até nós, disse quem eram os mandantes, e levou tudo de volta.

Mas, o que quero dizer com tudo isso? Quero dizer que os Exus podem até fazer o mal, mas também fazem o bem em escala muito maior. Basta pedir o bem e ver a alegria que toma conta deles. Não tema, mas respeite. A Luz sempre vence. E a sua Fé é Luz.

Para que fique tudo bem entendido, vou transcrever agora a PRECE DE EXU.

Leia sem medo e entenda o que está escrito. Isso vai desmistificar muita coisa!

"- Sou Exu, Senhor.

- Pai, permite que assim te chame, pois na realidade Tu o és, como és meu Criador.

- Formaste-me da poeira ástrica, mas como tudo que provém de Ti, sou real e eterno.

- Permite, Senhor, que eu possa servir-Te nas mais humildes e desprezíveis tarefas criadas pelos teus humanos filhos. Os homens me tratam de anjo decaído, de povo traidor, de rei das trevas, de gênio do mal e de tudo o mais em que encontram palavras para exprimir o seu desprezo por mim.

- No entanto, nem suspeitam que nada mais sou do que o reflexo deles mesmos.

- Não reclamo, não me queixo, porque esta é a Tua verdade.

- Sou escorraçado, sou condenado a habitar as profundezas escuras da terra e trafegar pelas sendas tortuosas da provação.

- Sou invocado pela inconsciência dos homens a prejudicar o seu semelhante.

- Sou usado como instrumento para aniquilar aqueles que são odiados, movido pela covardia e maldade humanas, sem, contudo, poder negar-me ou recorrer.

- Pelo pensamento dos inconscientes, sou arrastado a exercer a descrença, a confusão e a ignomínia, pois esta é a condição que Tu me impuseste.

- Não reclamo, Senhor, mas fico triste por ver os teus filhos, que criaste à Tua imagem e semelhança, serem envolvidos pelo turbilhão de iniquidades em que eles mesmos caíram, e eu, por Tua lei inflexível, delas tenho de participar.

- No entanto, Senhor, na minha infinita pequenez e miséria como me sinto grande e feliz quando encontro nalgum coração um oásis de amor e sou solicitado a ajudar na prestação de uma caridade.

- Aceito sem queixumes, Senhor, a Lei que, na Tua infinita sabedoria e justiça, me impuseste, a de executor das consciências, mas lamento e sofro mais porque os homens até hoje não conseguiram compreender-me.

- Peço-Te, Oh Pai Infinito, que lhes perdoe.

- Peço-Te, não por mim, pois sei que tenho de completar o ciclo da minha provação, mas por eles, os teus humanos filhos.

- Perdoa-os e torna-os bons, porque somente através da bondade de seus corações poderei sentir a vibração do Teu amor e a graça do Teu perdão."

(Exu Tiriri)

"Enquanto existir o Homem, existirão também os Exus." Pois bem. Dá para se pensar a respeito, não é?

Cabe aos "amados filhos de Deus" usar para o bem, usar para o mal, ou simplesmente ignorar e/ou desacreditar em suas existências. Cabe a cada um decidir. E arcar com as consequências.

Para concluir, saliento que os Exus são divididos em "falanges": Os Tranca Rua, os Capa Preta, os 7 Encruzilhadas, os 7 Caveiras, os Kalunga, os Tiriri, os Mão-de-Faca, o Exu dos Rios, Veludo, Exu do Lodo, Pimenta, Marabo, entre tantos outros. E não podemos esquecer das Pombagiras (Maria Padilha, Maria Mulambo, por exemplo), as entidades femininas da esquerda. Eu os respeito.

E você sabe por que os Exus usam as cores vermelha e preta? O vermelho simboliza o sangue, o elemento que circula por nosso corpo físico, levando até nós A Vida. O preto simboliza a limpeza energética mais densa em nosso mundo físico e astral.[18*]

---

[18] * Existe muita controvérsia em relação à utilização de Exus em determinados centros de Umbanda ou Candomblé. Alguns evitam sua utilização em atendimentos, deixando-os apenas a cargo da proteção do local e limpeza de energia mais densa, porém, sem qualquer contato direto com público. Aí vai de cada Centro. O que relatei foi simplesmente baseado na minha experiência pessoal, sem qualquer julgamento sobre a decisão individual de cada Centro.

CAPÍTULO XXV

ENFRENTANDO O MAL SOZINHO, E VENCENDO!

A história que vou contar a seguir é o relato fiel de um episódio ocorrido há um tempo. Trata-se de fato real.

Resolvi publicar esse fato para mostrar "a quem possa interessar" que temos condições de enfrentar muitos males, sozinhos.[19**]

Em algum momento de sua vida, você poderá se ver sozinho[*], tendo que enfrentar um grande mal, que está bem aí na sua frente. E estou falando apenas do mundo espiritual. O mal a que me refiro também pode ser chamado de "trevas"! Nesse momento, você terá de se decidir entre correr, ou enfrentar.

Quando chegar a hora, lembre-se: "Se correr, o bicho pega. Se ficar, o bicho talvez não te coma". Calma... Não me chame de doido ainda. Termine de ler o texto antes.

Vamos ao fato:

Em uma casa localizada na região Sul do Brasil, vivem pessoas que foram alvo de um trabalho de magia. Um dia, um cidadão que partilhava da confiança dessas pessoas foi lhes fazer uma visita e, num momento de distração dos donos da casa, espalhou "cinza preta" pela sala. Essa cinza foi preparada em um ritual de magia, por pessoas sem escrúpulos que se alegram com a desgraça alheia. Tal trabalho trouxe uma entidade trevosa (o mal) para dentro da casa.

Como os habitantes da casa são pessoas de muita Fé, o ser trevoso pouco pode fazer, porém, ele se aproveitava de momentos de confusão

---

[19] ** Quando cito o termo "sozinho", quero dizer unicamente: "desacompanhado de outros seres encarnados, de outras pessoas", pois, na realidade, NUNCA estamos sozinhos. A Luz Divina está sempre nos acompanhando. Veja: "E ainda que eu andasse pelo vale da sombra da morte, eu não temeria mal algum, porque Tu estás comigo" (Salmos 23:4).

(brigas, desentendimentos), comuns a qualquer lar, para tornar a situação ainda pior, gerando assim grandes conflitos.

E assim o tempo foi passando. Até que um dia, Josias (nomes fictícios), que estava sozinho na casa, pois os demais haviam viajado, recebeu uma ligação de Izabel, uma pessoa de grande sensibilidade espiritual.

Izabel relatou em detalhes a magia negra que fora feita contra os moradores daquela casa, citando inclusive os autores. A ligação foi feita com uma certa urgência, pois algo tinha que ser feito e rápido. Josias não tinha tempo para aguardar a disponibilidade de outras pessoas mais experientes, que poderiam vir ajudá-lo no trabalho de limpeza. Naquele momento ele não tinha com quem contar e decidiu assumir a batalha sozinho.

Foi até seu altar e de joelhos fez orações. Chamou pelo seu Anjo da Guarda, chamou por Deus, Jesus e o Espírito Santo. Chamou pela Luz Violeta de Saint Germain. Chamou pelos seus Guias de Luz. Chamou pela sua Linha Esquerda. Pediu proteção a Ogum. (E alguém ainda acha que estava sozinho?)

Colocou um colar com um cristal de seis pontas e um símbolo em prata do Nome Místico de Jesus.

Pegou sua Bíblia e quatro incensos de Sete Ervas.

Levantou-se, agradeceu a presença de todos os que foram chamados e desceu as escadas rumo à sala, onde se encontrava o mal.

Josias se "armou" para enfrentar o mal mas, acima de tudo, ele tinha a certeza de que expulsaria aquilo de sua casa. Ele foi confiante e pleno de determinação, pois ele tinha em mente que o trabalho era dele e de ninguém mais. Falhar não era uma opção. E com esse pensamento ele se manteve a todo instante firme, forte, sem titubear nem por uma fração de segundo, mesmo tendo ao seu redor um bravo e poderoso inimigo.

Ao chegar à sala, sentiu sua pele arrepiar com tal intensidade, como nunca havia ocorrido. Parecia que os pelos do braço queriam saltar da pele.

Nesse momento, ele percebeu que o mal sabia que fora descoberto. Viu sombras negras e ameaçadoras, que o ficavam tentando à distância.

Em momento algum, ele teve medo. Manteve-se firme, cabeça erguida, coluna reta, rosto sereno, porém, demonstrando determinação. Se ele tivesse tido medo nessa hora, poria tudo a perder.

Não se abalando com o que via e sentia, e com a mente conectada ao seu Anjo da Guarda, disse em voz alta e firme:

"Em nome de Nosso Senhor Jesus Cristo e Deus Pai todo Poderoso, ordeno que vá embora. Aqui não é o teu lugar".

E percebendo que o mal se debatia pelo ambiente, mentalizou a todos os Seres cuja presença fora clamada momentos antes e, mentalmente, inundou o ambiente com a Luz Violeta de Saint Germain. E, pegando uma parte do Salmos 91, disse:

"E o Senhor me cobrirá com as suas penas e debaixo de suas asas estarei seguro; a sua verdade é escudo e amparo; Não temerei espanto noturno, nem seta que voe de dia; nem peste que ande na escuridão nem mortandade que assole ao meio-dia; mil cairão ao meu lado e dez mil à minha direita, porém eu não serei atingido; Somente com os meus olhos olharei e verei a recompensa dos ímpios".

E voltou a dizer:

"Em nome de Nosso Senhor Jesus Cristo e Deus Pai Todo Poderoso, ordeno que vá embora. Aqui não é o teu lugar".

O mal ainda estava por ali, dava para sentir o seu ódio, mas também dava para sentir que estava definitivamente perdendo forças.

Josias, então, começou a entoar uma prece a Ogum (São Jorge Guerreiro), enquanto acendia os incensos de Sete Ervas, um em cada canto da sala. Com voz alta, severa e firme, ele orou na Linha Esquerda.

Ao terminar esse ritual, Josias se dirigiu ao canto mais ao Norte, e pela terceira e última vez disse, como se olhando nos olhos do mal:

"Em nome de Nosso Senhor Jesus Cristo e Deus Pai todo Poderoso, ordeno que vá embora. Aqui não é o teu lugar".

E viu o mal ir embora dali, como que expelido por uma Grande Força.

Nesse momento, completamente suado e com uma "leve tremedeira" nas pernas, Josias foi ao meio da sala, onde se ajoelhou e orou: um Pai Nosso, uma Ave Maria, um Credo.

E, fazendo uma "pequena mistura" entre o Salmos 70 e o Salmos 69, disse:

"Senhor, apressa-te em livrar-me; Bem conheces a minha afronta e a minha confusão; Diante de Ti, está o meu adversário; Fiquem envergonhados e confundidos os que procuram a minha alma; tornem atrás e confundam-se os que me querem mal; Voltem as costas cobertos de vergonha os que me dizem: Ah! Ah!; Derrama sobre eles a tua indignação, e prenda-os o ardor da Tua ira".

Explico: essa última oração Josias fez para que as pessoas sem escrúpulos que fizeram a tal magia nunca mais se atrevam a lhe dirigir qualquer pensamento que seja. E, pela grande Fé de Josias, assim será.

Josias agradeceu a todas as Linhas Espirituais que o protegeram e o guiaram nesse trabalho. E se levantou, dizendo: "Orai e Vigiai".

Agora vou escrever alguns conceitos e comentários aleatórios a respeito do ocorrido, fazendo referências principalmente à Fé que moveu Josias a vencer essa batalha.

- Apesar de estar fisicamente sozinho, Josias contou com a presença de Grandes Entidades, que doaram força, proteção e Luz. Além da excepcional ajuda espiritual concedida a Josias, isso também lhe deu confiança, para enfrentar o inimigo.

- Ao se ver em risco, clame pela Luz Divina e pelas Entidades de Proteção. Essa foi a primeira providência de Josias ao perceber que a batalha era inevitável.

- A presença da Luz das Entidades chamadas por Josias foi fundamental para a sua vitória, por duas razões:
  - Deu a ele mais confiança e mais coragem, para a batalha;
  - Imagine o que o mal sentiu ao ver "a equipe de apoio" que acompanhava Josias. Era simplesmente uma equipe invencível.

- O sucesso de Josias se deve, principalmente, à sua coragem, determinação e Fé em si mesmo! Quem só acredita nos outros, mas não em si próprio, está certamente destinado ao fracasso.

- Josias em momento algum baixou a cabeça. Manteve-se firme e austero o tempo todo. Essa atitude fez a diferença.

- Se vamos lutar e vencer, ou se vamos nos entregar ou fugir deixando o mal atuar, só depende de nós mesmos. A decisão é nossa. Deus não vai interferir no seu livre-arbítrio. Ele te mostrará caminhos, abrirá portas, te concederá proteção e amparo. Mas você é quem decide o que fazer. E como fazer. Mas podemos contar sempre com a Divina Providência.

- Quando temos de enfrentar esse tipo de situação sozinhos, buscamos forças no mais profundo de nosso Ser. É justamente nessa hora que teremos consciência de nosso poder, de nossa força interior, que é imensa. Geralmente ela se encontra adormecida pela falta de uso, porém, quando vem à tona, causa um grande estrago na "situação adversa".

- No mundo de Josias, não existe preconceito religioso. Em um mesmo trabalho, ele invocou a Fraternidade Branca e os Orixás. Invocou as Linhas Espirituais da Direita e da Esquerda. Para ele, tudo é harmonia e todos trabalham para um Bem Maior. O preconceito não é uma criação de Deus, mas, sim, do homem.

- Sim, Josias venceu uma batalha. Isso não significa que ele baixou a guarda. Muito pelo contrário. Lembre-se: "Orai e Vigiai".

Agora leia este pequeno histórico sobre Jesus e seus Apóstolos e tente fazer uma analogia com o texto que acabamos de ler.

No Novo Testamento, existem inúmeros exemplos de situações em que os Apóstolos tentaram realizar curas, todas sem sucesso. Pois eles estavam (inconscientemente) em uma situação deveras cômoda: "Jesus está logo ali. Se a gente falhar, é só chamar o Mestre que ele vem e conserta as coisas".

E era justamente isso que acontecia. Eles falhavam e chamavam Jesus, que depois do devido "pito" (Homens de pouca Fé) consertava as coisas.

Porém, depois da morte de Jesus, eles se viram sozinhos em suas pregações e percorreram as regiões, pregando e realizando curas com sucesso. Pois agora a situação era bem diferente. Eles não tinham mais o pensamento limitante: "Se a gente falhar...". Falhar não era uma opção! E quando a opção "falha" é inexistente, com certeza teremos sucesso em nossas empreitadas.

Foi o que ocorreu com Josias um tempo atrás. Pense nisso...

CAPÍTULO XXVI

O SERMÃO DA MONTANHA, DE JESUS, O CRISTO

Em Outubro de 2006 eu fiz uma viagem (Recife e São Paulo) e no meio dela recebi algumas intuições a respeito de um novo texto.

Por diversas vezes, fui "exposto" a algo que me lembraria "O Sermão da Montanha". Uns dias atrás, um grande amigo me disse:

"Mahatma Gandhi uma vez comentou que, para vivermos a plenitude da vida, basta seguir os ensinamentos do Sermão da Montanha".

Após esse dia, quase diariamente eu me vi frente a frente com algo que me faria "lembrar" desse famoso discurso, realizado por Jesus.

É nesse discurso que Jesus nos ensina o Pai Nosso (Mateus 6:9-10), além de muitos outros ensinamentos, que deveríamos carregar (e agir) em toda a nossa vida.

Você pode encontrar esse texto na Bíblia, no Novo Testamento; Mateus, Capítulo 5.

Contaram-me que nessa ocasião Jesus subiu no alto de um morro e havia muitos seguidores, além dos apóstolos. Quando ele parou, todos pararam e passaram a escutar suas palavras. O interessante é que ele pregou para centenas ou até milhares de pessoas e todas elas, por mais distante que se encontrassem d'Ele, escutavam-no perfeitamente. Sua voz ecoava com tamanho poder, que podia ser ouvida a quilômetros de distância, sem que Ele precisasse gritar. O Sermão da Montanha está aí para ser interpretado e não para ser seguido literalmente. Por isso, tenha calma! Não precisa sair arrancando seus olhos! E a cada leitura pode ter certeza de uma coisa: interpretarás algo diferente que na leitura anterior.

E agora transcrevo esse ensinamento. Saliento que não é interessante ler tudo de uma vez só. Leia aos poucos, um pouquinho por dia. E reflita muito. Para ajudar, vou tentar separar por "tópicos".

O SERMÃO DA MONTANHA

OS BEM-AVENTURADOS (5:1 a 12)

Vendo aquelas multidões, Jesus subiu a montanha. Sentou-se
e seus discípulos aproximaram-se dele. Então abriu a boca
e lhes ensinava, dizendo:

Bem-aventurados os que têm um coração de pobre, porque deles é o reino
dos céus.
Bem-aventurados os que choram porque serão consolados!
Bem-aventurados os mansos, porque possuirão a Terra!
Bem-aventurados os que têm fome e sede de justiça, porque serão
saciados!
Bem-aventurados os misericordiosos, porque alcançarão misericórdia!
Bem-aventurados os corações puros, porque verão a Deus!
Bem-aventurados os pacíficos, porque serão chamados de filhos de Deus!
Bem-aventurados os que são perseguidos por causa da justiça, porque
deles é o reino dos céus!
Bem-aventurados sereis quando vos caluniarem, quando vos perseguirem e
disserem falsamente todo o mal contra vós por causa de mim. Alegrai-vos
e exultai, porque será grande a vossa recompensa nos céus, pois assim
perseguiram os profetas que vieram antes de vós.

O SAL DA TERRA E A LUZ DO MUNDO (5:13 a 16)

Vós sois o sal da terra. Se o sal perde o sabor, com que lhe será
restituído o sabor? Para nada mais serve senão para ser lançado fora e
calcado pelos homens.

Vós sois a luz do mundo. Não se pode esconder uma cidade situada sobre uma montanha, nem se acende uma luz para colocá-la debaixo do alqueire, mas sim para colocá-la sobre o candeeiro, a fim de que brilhe a todos os que estão em casa. Assim, brilhe vossa luz diante dos homens, para que vejam suas boas obras, e glorifiquem Vosso Pai que está nos Céus.

O CUMPRIMENTO DA NOVA LEI (5:17 a 48)

Não julgueis que vim abolir a Lei ou os profetas. Não vim para os abolir, mas sim para levá-los à perfeição. Pois em verdade vos digo, passará o céu e a Terra, antes que desapareça um jota, um traço da Lei.

Aquele que violar um destes mandamentos, por menor que seja, e ensinar assim aos homens, será declarado o menor no reino dos céus. Mas aquele que os guardar e os ensinar será declarado grande no reino dos céus. Digo-vos, pois, se Vossa justiça não for maior que a dos escribas e fariseus, não entrareis no reino dos céus.

Ouvistes o que foi dito aos antigos: não matarás: mas quem matar será castigado pelo juízo do tribunal. Mas eu vos digo: todo aquele que se irar contra seu irmão será castigado pelos juízes. Aquele que disser a seu irmão: "Raça" será castigado pelo Grande Conselho. Aquele que lhe disser louco será condenado ao fogo do inferno.

Se estás, portanto, para fazer a tua oferta diante do altar e te lembrares de que teu irmão tem alguma coisa contra ti, deixa lá a tua oferta diante do altar e vai primeiro reconciliar-te com teu irmão: só então vem fazer a tua oferta.

Entra em acordo com teu adversário, enquanto estás em caminho com ele, para que não suceda que te entregue ao juiz, e o juiz te entregue ao seu ministro e sejas posto em prisão. Em verdade te digo, dali não sairás antes de teres pago o último centavo.

Ouviste que foi dito aos antigos: não cometerás adultério.
Eu, porém, vos digo: todo aquele que lançar um olhar de cobiça para uma mulher já adulterou com ela em seu coração.
Se teu olho direito é para ti causa de queda, arranca-o e lança-o longe de ti. Porque te é preferível perder-se um só de teus membros, a que o teu corpo todo seja lançado ao inferno.

E se tua mão direita é para ti causa de queda, corta-a e lança-a longe de ti, porque te é preferível perder-se um só de teus membros, a que o teu corpo inteiro seja lançado no inferno. Foi também dito: todo aquele que rejeitar a sua mulher dê-lhe carta de divórcio. Eu, porém, vos digo: todo aquele que rejeita sua mulher a faz tornar-se adúltera, a não ser que se trate de matrimônio falso; e todo aquele que desposa uma mulher rejeitada comete adultério.

Ouvistes ainda que foi dito aos antigos: não jurarás falso, mas cumprirás para com o Senhor os teus juramentos. Eu, porém, vos digo: não jureis de modo algum: nem pelo céu, porque é o trono de Deus; nem pela terra, porque é o escabelo de seus pés; nem por Jerusalém, porque é a cidade do grande rei. Nem jurarás pela tua cabeça, porque não poderás fazer um cabelo tornar-se branco ou negro.
Dizei somente: "Sim", se é sim; "Não", se é não. Tudo o que passa além disto vem do maligno.

Tendes ouvido o que foi dito: olho por olho, dente por dente. Eu, porém, vos digo: resistais ao mau. Se alguém te ferir a face direita, oferece-lhe também a outra. Se alguém te citar em justiça para tirar-te a túnica, cede-lhe também a capa. Se alguém vem obrigar-te a andar mil passos com ele, anda dois mil. Dá a quem te pede e não te desvies àquele que te quer pedir emprestado.

Tendes ouvido o que foi dito: amarás o teu próximo e poderás odiar teu inimigo. Eu, porém, vos digo: amai vossos inimigos. Fazei bem aos que vos odeiam, orai pelos que vos maltratam e perseguem. Deste modo sereis os filhos de vosso Pai do céu, pois ele faz nascer o sol tanto sobre os maus, como sobre os justos e sobre os injustos. Se amais somente os que vos amam, que recompensa tereis? Não fazem assim os próprios publicanos? Se saudais apenas vossos irmãos, que fazeis de extraordinário? Não fazem isto também os pagãos? Portanto, sede perfeitos, assim como vosso pai celeste é perfeito.

FAZER TUAS BOAS AÇÕES SEM ALARDE

Aqui Jesus nos ensina a oração "O PAI NOSSO" (6: 1 a 18)

Guardai-vos de fazer vossas boas obras diante dos homens, para serdes vistos por eles. Do contrário, não tereis recompensa junto de vosso Pai que está no céu.

Quando, pois, dá esmolas, não toques a trombeta diante de ti, como fazem os hipócritas nas sinagogas e nas ruas, para serem louvados pelos homens. Em verdade, vos digo: já receberam sua recompensa. Quando deres esmola, que tua mão esquerda não saiba o que fez a direita; assim a tua esmola se fará em segredo, e teu Pai, que vê o escondido, recompensar-te-á.

Quando orardes, não façais como os hipócritas, que gostam de orar de pé nas sinagogas e nas esquinas das ruas, para serem vistos pelos homens. Em verdade eu vos digo: já receberam sua recompensa. Quando orares, entra no teu quarto, fecha a porta e ora ao seu Pai em segredo; e teu Pai, que vê num lugar oculto, recompensar-te-á.

Nas vossas orações, não multipliqueis as palavras, como fazem os pagãos que julgam que serão ouvidos à força de palavras. Não imiteis, porque vosso Pai sabe o que vos é necessário, antes que vos lho peçais.

Eis como deveis rezar:

PAI NOSSO que estais no céu, santificado seja o vosso nome; venha a nós o vosso reino; seja feita a vossa vontade, assim na terra como no céu. O pão nosso de cada dia nos dai hoje; perdoai as nossas ofensas, assim como nós perdoamos aos que nos ofenderam; e não nos deixei cair em tentação, mas livrai-nos do Mal.

Porque, se perdoardes aos homens as suas ofensas, vosso Pai celeste também vos perdoará. Mas, se não perdoardes aos homens, tampouco vosso pai vos perdoará.

Quando jejuardes, não tomeis um ar triste como os hipócritas, que mostram um semblante abatido, para manifestar aos homens que jejuam. Em verdade eu vos digo: já receberam sua recompensa.

Quando jejuares, perfuma a tua cabeça e
lava o teu rosto; assim não parecerá aos homens que jejuas, mas somente
a teu Pai que está presente ao oculto; e teu Pai, que vê num lugar
oculto, recompensar-te-á.

JUNTAR OS TESOUROS NO CÉU (6: 19 a 23)

Não ajunteis para vós tesouros na terra, onde a ferrugem e as traças
corroem, onde os ladrões furam e roubam. Ajuntai para vós tesouros no
céu, onde não os consomem nem as traças nem a ferrugem, e os ladrões
não furam nem roubam.
Porque, onde está o teu tesouro, lá está o teu coração.

O olho é a luz do corpo. Se teu olho é são, todo o teu corpo será
iluminado. Se teu olho estiver em mal estado, todo o teu corpo estará
nas trevas. Se a luz que está em ti são trevas, quão espessas deverão
ser as trevas!

LIVRE-SE DAS PREOCUPAÇÕES (6: 24 a 34)

Ninguém pode servir a dois senhores, porque, ou odiará a um e amará a
outro, ou dedicar-se-á a um e desprezará o outro.

Não podeis servir a Deus e à riqueza. Portanto, eis que vos digo: não
vos preocupeis por vossa vida, pelo que comereis, nem por vosso corpo,
como vos vestireis. A vida não é mais do que o alimento e o corpo não
são mais que as vestes? Olhai as aves do céu: não semeiam nem ceifam,
nem recolhem nos celeiros e vosso Pai celeste as alimenta.
Não valeis vós muito mais que elas? Qual de vós, por mais que se
esforce, pode acrescentar um só côvado à duração de sua vida? E por que
vos inquietais com as vestes? Considerai como crescem os lírios do

campo; não trabalham nem fiam.

Entretanto, eu vos digo que o próprio Salomão no auge de sua glória não se vestiu como um deles.

Se Deus veste assim a erva dos campos, que hoje cresce e amanhã será lançada ao fogo, quanto mais a vós, homens de pouca fé? Não vos aflijais, nem digais: que comeremos? que beberemos? com que nos vestiremos?

São os pagãos que se preocupam com tudo isso. Ora, vosso Pai celeste sabe que necessitais de tudo isto. Buscai em primeiro lugar o reino de Deus e a sua justiça e todas estas coisas vos serão dadas em acréscimo.

Não vos preocupeis, pois, com o dia de amanhã: o dia de amanhã terá as suas preocupações próprias.

A cada dia basta o seu cuidado.

NÃO JULGUE; A INFINITA BONDADE DE DEUS; QUEM ALCANÇARÁ A LUZ DIVINA (7: 1 a 23)

Não julgueis e não sereis julgados. Porque do mesmo modo que julgardes, sereis também vós julgados e, com a mesma medida com que tiverdes medido, também vós sereis medidos.

Por que olhas a palha que está no olho do teu irmão e não vês a trave que está no teu? Como ousas dizer a teu irmão:
deixa-me tirar a palha de teu olho, quando tens uma trave no teu?
Hipócrita! Tirai primeiro a trave de teu olho e assim verás para tirar a palha do olho do teu irmão.

Não lanceis aos cães as coisas santas, não atireis aos porcos as vossas pérolas, para que não as calquem com os seus pés, e voltando-se contra vós vos despedacem.

Pedi e se vos dará. Buscai e achareis. Batei e vos será aberto. Porque todo aquele que pede, recebe. Quem busca, acha. A quem bate, abrir-se-á.

Quem dentre vós dará uma pedra a seu filho, se este lhe pedir pão? E se lhe pedir um peixe, dar-lhe-á uma serpente?
Se vós, pois, que sois maus, sabeis dar boas coisas a vossos filhos, quanto mais vosso Pai celeste dará boas coisas aos que lhe pedirem.

Tudo o que quereis que os homens vos façam, fazei-o vós a eles. Esta é a Lei e os Profetas.

Entrai pela porta estreita, porque larga é a porta e espaçoso o caminho que conduz à perdição e numerosos são os que por aí entram.

Estreita, porém, é a porta e apertado o caminho da vida e raros são os que o encontram.

Guardai-vos dos falsos profetas, eles vêm a vós
disfarçados de ovelhas, mas por dentro são lobos
arrebatadores.

Pelos seus frutos os conhecereis. Colhem-se, porventura, uvas dos espinheiros e figos dos abrolhos? Toda árvore boa dá bons frutos; toda árvore má dá maus frutos. Uma árvore boa não pode dar maus frutos, nem uma árvore má, pode produzir frutos bons. Toda árvore que não dá bons frutos é cortada e jogada no fogo. Pelo seus frutos os conhecereis.

Nem todo aquele que me diz: Senhor, Senhor, entrará no reino dos céus, mas aquele que faz a vontade de meu pai que está nos céus. Muitos me dirão naquele dia: Senhor, Senhor, não pregamos nós em vosso nome, e não foi em vosso nome que expulsamos os demônios e fizemos muitos milagres? E, no entanto, eu lhes direi: nunca vos conheci. Retirai-vos de mim, operários maus!

CONCLUSÃO FINAL (7: 24 a 27)

Aquele pois que ouve minhas palavras e as põe em prática é semelhante a um homem prudente, que edificou sua casa sobre a rocha. Caiu a chuva, vieram as enchentes, sopraram os ventos e investiram contra aquela casa: ela, porém, não caiu, porque estava edificada na rocha. Mas aquele que ouve minhas palavras e não as pões em prática, é semelhante a um homem insensato, que construiu sua casa na areia. Caiu a chuva, vieram as enchentes, sopraram os ventos e investiram contra aquela casa, e ela caiu, e grande foi a sua ruína — disse Jesus.

(7: 28-29) Quando Jesus terminou o discurso, a multidão ficou impressionada com a sua doutrina. Com efeito, ele a ensinava como quem tem autoridade e não como os escribas.

CAPÍTULO XXVII

DEUS, EM POUCAS PALAVRAS

Não leia este texto antes de livrar-se dos pré-conceitos. Abra sua mente. Apenas reflita com a sabedoria inerente de teu Ser. Mas como descrever DEUS em poucas palavras? A princípio seria uma missão impossível. Mas, usando conceitos de dualidade, conseguimos descrever infimamente a sua Grandeza...

Deus,

O Onipotente, O Onipresente, O Eterno, O Altíssimo, cuja centelha pulsa dentro de cada um de nós.

Se tu respiras, é porque Deus está dentro de ti, mesmo que tu não O vejas, não O sintas e n'Ele não creias. Ele está aí, agora e para todo o sempre. Deus é o Todo, pois guarda em Si os princípios antagônicos da Dualidade.

É o Feminino e também o Masculino;

É o Pai e também a Mãe;

É o Positivo e também o Negativo;

É o Ator Principal e também o Coadjuvante;

É o que faz chorar e também o que enxuga a lágrima;

É o Par e também o Ímpar;

É o Tudo e também o Nada;

É o que gera o Caos e também o Equilíbrio;

É a Ação e também a Reação;

É o Mestre e também o Aprendiz;

É a Luz e também a Escuridão;

É a Causa e o Efeito;

É o Absoluto.

Senhor, a Ti entrego meu espírito.

———————

Vou tentar explicar alguns pontos sobre o que acabei de escrever.

O Feminino, o Masculino, o Pai e a Mãe:

Nossos pais terrenos cederam cada um uma minúscula parcela de seus corpos, para unidos gerarem a nossa vida atual. Deus, Fonte Consciente de Energia, cedeu uma minúscula parcela de seu Ser, para gerar nossa vida eterna. Você pode também avaliar o Princípio do Gênero, contido nos Estudos Herméticos (O Caibalion).

O Positivo, o Negativo:

No sentido primordial desses dois estados, se um deixa de existir o outro é simplesmente anulado, pois perde totalmente sua função e sua magnitude. Não haveria "movimento", não haveria "referência", não haveria "evolução". Não há Luz sem os polos positivo e negativo. Você também pode avaliar o Princípio da Polaridade, contido nos Estudos Herméticos (O Caibalion).

O Ator Principal, O Coadjuvante:

Quando estamos bem, com alegria, saúde, dinheiro no banco e amigos, Deus passa a ser um mero Coadjuvante em nossas vidas. Raramente nos lembramos d'Ele para lançar um simples "obrigado". Quando passamos por dificuldades, Deus é elevado a Ator Principal de nossas lembranças e principalmente de nossas súplicas.

O Choro e o Conforto:

Para alcançarmos a plenitude, nossa vida deve estar em movimento constante, o que certamente irá gerar um turbilhão de emoções oscilantes, responsáveis por vários aprendizados. Somos lançados em situações alheias às nossas vontades, mas, no final de cada uma delas, temos a sagrada e gratificante sensação de mais um obstáculo que foi transposto, com luta, garra, determinação e Fé!

O Par e o Ímpar:

O Par representado pela Dualidade e o Ímpar representado pela Santíssima Trindade: O Pai, O Filho e O Espírito Santo.

O Tudo e o Nada:

Significa nossa sintonia com Deus. Ele está conosco em TODOS os lugares (Salmos 23:4) e, para que possamos receber a sua Graça, temos de estar em sintonia com a sua Luz, caso contrário Ele nada poderá fazer por nós. Vide o texto "A Lei do Rádio".

O Caos e o Equilíbrio:

É um dos pontos mais importantes de nossas existências. É o que nos lança para frente, é o que concretiza nossos objetivos (viver no caos, buscando um pouco de equilíbrio). É o que nos poupa da chatice extrema de uma "vida linearmente perfeita".

A Ação e a Reação:

"Perdoai as nossas ofensas, assim como nós perdoamos a quem nos tem ofendido". Deus é o Amor, no qual eu perdoo. Essa frase diz tudo.

E também: "assim embaixo como em cima, assim em cima como embaixo". Você também pode avaliar o Princípio da Correspondência, contido nos Estudos Herméticos (O Caibalion).

O Mestre e o Aprendiz:

Seguiremos Tuas palavras, Teus Ensinamentos e Teus mandamentos. Porém, nosso livre-arbítrio e nossa capacidade inerente de raciocínio nos dão liberdade de ação e pensamento, para que possamos, sim, trocar ensinamentos com nosso Mestre. Em sua Bondade e Humildade infinitas, Ele apenas sorri, satisfeito pela nossa Obra e Atitude.

A Luz e a Escuridão:

Assim como o Dia e a Noite, precisamos vivenciar momentos de Escuridão, para entendermos o que é a Luz. E precisamos vivenciar momentos de Luz, para entendermos o que é a Escuridão. Só assim podemos ter referências em nossas vidas. Sem referência não existe aprendizado. Sem aprendizado não existe EVOLUÇÃO.

Simples Mensagem: no Caos da frequente alternância entre o dia e a noite é que existe o equilíbrio necessário à manutenção da vida em nosso planeta. Já pensou se o Sol brilhasse 24 horas por dia?

Você também pode avaliar novamente o Princípio da Polaridade, contido nos Estudos Herméticos (O Caibalion).

A Causa e o Efeito:

Deus é a Causa de tudo, da Vida, da Existência Plena. O Cristo é o Efeito, a Verdade, a Consciência.

Você também pode avaliar o Princípio da Causa e Efeito, contido nos Estudos Herméticos (O Caibalion).

O Absoluto:

Simplesmente DEUS, em sua definição mais complexa e ao mesmo tempo mais simples (olha a Dualidade aí de novo! Mesmo em um termo único a Dualidade está presente).

A Ti entrego meu espírito:

Tire suas próprias conclusões...

Eu poderia escrever milhões de páginas falando sobre Deus, mas, como prometi, o fiz "em poucas palavras"... Leia também o texto: "Eu evoluo, nós evoluímos, Deus evolui! – Capítulo XXXIX". Mas se mantenha livre dos pré-conceitos. Continue com sua mente aberta. Apenas reflita com a sabedoria inerente de teu Ser.

CAPÍTULO XXVIII

GEOPATOLOGIA, AS DOENÇAS E A CURA

Todos aqueles que acreditam em "algo a mais" sabem que toda a doença tem uma causa também espiritual. Partindo desse pressuposto, posso fazer as afirmações a seguir.

Toda e qualquer doença se manifesta primeiramente no campo etéreo (astral), na aura e em seguida se manifesta no plano físico, no corpo.

Qualquer que seja a causa de uma doença, ela sempre se manifestará primeiramente no campo etéreo.

Suponha que, num dia frio, você acabou de tomar um banho superquente, daqueles que enchem o banheiro de vapor. Alguém buzinou lá fora e você pôs a cabeça para fora da janela para gritar para a pessoa "esperar que você já está indo". Nesse ato, seu corpo já recebeu um choque térmico suficiente para manifestar uma gripe, ou coisa pior. Apesar de ter sido o corpo que recebeu o choque, a tal gripe irá se manifestar quase que de imediato no seu plano astral.

Esse seria o melhor momento para realizar um tratamento à base de energia, seja com radiestesia, reiki, ou qualquer outra forma de cura energética. Nesse momento, podemos anular a "vibração da doença" que está se manifestando, impedindo que ela atinja o corpo físico. Você passaria incólume pelas consequências do choque térmico que acabou de tomar.

É importante salientar também que alguns males podem se manifestar após uma longa exposição a um tipo de energia peculiar que é gerada pelo próprio cosmo e que, combinada com algumas fontes terrenas, pode ser prejudicial, trazendo insônia, enxaqueca, cansaço, irritabilidade e, em alguns casos, até algo mais grave.

Sobre essa combinação energética prejudicial, posso citar alguns exemplos:

- Corpos Celestes: a cada segundo, o Sol emite cerca de quatro milhões de toneladas de sua massa. Boa parte dela chega a nós por radiações de alta frequência que, unidas a muitas outras irradiadas pela Lua, Planetas, Galáxias, desencadeiam fantásticas torrentes telúricas, tempestades magnéticas e inúmeras outras formas energéticas. Vivemos naturalmente submersos e rodeados num mar de ondas penetrantes que, apesar de invisíveis, ocasionam os mais variados fenômenos de carga e descarga em nosso potencial elétrico humano.

- Linhas de Hartmann: a rede Hartmann consiste em linhas de energia carregadas naturalmente correndo em sentido Norte-Sul e Leste-Oeste. As linhas receberam esse nome em homenagem ao médico alemão Dr. Ernest Hartmann, pois foi quem primeiro as descreveu. A Rede Hartmann aparece como uma estrutura de radiações verticais ascendentes desde o chão, formando paredes radioativas invisíveis de 21 centímetros de largura. A grade é magneticamente orientada, de Norte a Sul, com linhas encontradas a intervalos de 2 metros, enquanto de Leste para Oeste, com linhas de 2,5 metros. Entre essas linhas geométricas, existe uma zona neutra. Essa rede penetra em todos os lugares, abertos ou fechados. Os pontos de maior força nessa rede são justamente os cruzamentos entre as linhas "Norte/Sul" e "Leste/Oeste". Naturalmente esses cruzamentos têm o tamanho de 21 cm^2 (centímetros quadrados).

MAS, NÃO SE PREOCUPE, pois é assim desde o nascimento do planeta e essas energias estão em todo o Universo. É uma coisa natural e por si só NÃO É NOCIVA.

Porém, combinadas com outros campos irradiados por águas subterrâneas, falhas geológicas, entre outros, podem começar a ser prejudiciais.

Na antiguidade, mais propriamente na China, havia a obrigação do exame do terreno por um "Rabdomante", para verificar o local de qualquer construção, a fim de constatar a existência de energias telúricas[20]* do subsolo, então denominadas "Dentes de Dragão", que prejudicam a saúde das pessoas.

---

[20] * Energia telúrica = energia resultante do cruzamento geográfico de uma energia cósmica (celeste, Hartmann etc.) com um rio subterrâneo (por exemplo); considerada uma energia nociva à saúde.

Geralmente, a pessoa que dormir sobre esses locais irradiantes de energia telúrica (chamados de "Geopatogênicos") poderá sentir: insônia, dor de cabeça, de ouvido, mal-estar, abatimento etc. Esses sintomas só começam a se manifestar após longas exposições.

Portanto, se você tem algum problema crônico que até agora não encontraram uma solução, tente verificar o local onde você dorme, trabalha, ou passa longos momentos. Veja a seguir o que se pode fazer.

Pois bem, já falamos muito das causas dos problemas, vamos agora às soluções.

Caso ocorra uma situação similar à descrita anteriormente (cabeça para fora da janela), mentalize de imediato que a sua aura protetora não deixará a energia ruim se manifestar sobre você. Visualize-se emitindo uma vibração violeta e que essa vibração está neutralizando a energia negativa, até a completa extinção. Mentalize também seu corpo forte e saudável, combatendo de imediato a eventual gripe, não deixando ela se manifestar. Mantenha um cristal verde próximo a você.

Volto a salientar: quando a doença ainda está no campo etéreo, o tratamento poderá ser apenas energético: mentalizações como explicado ou passes específicos para neutralizar essa energia nociva de sua aura, antes que ela lhe atinja a matéria. Procure um local de sua Fé relatando muito claramente o que você foi fazer lá. Isso poderá minimizar a "energia doente" que está querendo atingi-lo, a tal ponto de ela nem se manifestar em seu corpo físico.

Porém, quando ela começa a se manifestar no corpo físico, o tratamento poderá ser combinado entre a medicina tradicional e o auxílio da cura energética. É importante deixar bem claro que o tratamento energético nunca substitui a medicina, nem tem essa pretensão. Porém, ele age conjuntamente, neutralizando a doença enquanto energia. A medicina age neutralizando a doença enquanto manifestação física e seus principais sintomas. É primordial procurar o médico. Mas, como eu disse no início do texto, nós que acreditamos em "algo a mais" podemos auxiliar o tratamento, passando por sessões de cura energética. O resultado poderá ser mais eficaz. (Veja o texto "Quem cultiva a espiritualidade é mais feliz! E saudável! – Capítulo XV").

Agora, para neutralizar as ondas geopatológicas descritas anteriormente, o primeiro passo é verificar se, abaixo do local onde você mora, existe algum rio subterrâneo, ou coisa similar.

Se existir, você pode mudar a cama de lugar. Como às vezes não é possível mudar uma cama de lugar, a saída mais tradicional é usar o "Símbolo Compensador André Phillipe", já exposto em capítulo anterior.

Você pode adquirir esse símbolo em qualquer casa de material esotérico, ou pode também imprimir.

Sugestão: se for imprimir, faça no maior tamanho possível e que caiba dentro de uma folha A4, pois seu campo de atuação é proporcional a seu tamanho. Coloque o André Phillipe embaixo da cama, próximo ao local de trabalho, ou em lugar onde você julgue ser necessário.

Você também pode usar um cristal para absorver a energia telúrica. O mais indicado é o Quartzo Branco Programado. Programado? Sim, explico: o quartzo branco não possui uma característica definida de vibração, porém, ele pode ser gravado ou programado pela sua mente. Para programar um quartzo branco, você deve antes de tudo limpá-lo.

Recomendo 24 horas de exposição ao céu aberto, em contato com o Sol e a Lua, imerso em água com sal grosso. Após a limpeza, você deve apertá-lo com as duas mãos, segurando bem forte e repetir 9 vezes aquilo que você quer que ele faça. Nesse caso você pode dizer: "Eu sou a Ressurreição e a Vida, da programação Divina deste cristal para absorver toda a energia telúrica e geopatológica deste ambiente". Pronto. Coloque-o embaixo de sua cama.

Ao contrário do André Phillipe, o cristal precisa ser limpo das energias regularmente, pois ele absorve e não se descarrega naturalmente. O André Phillipe não se satura, pois suas formas o descarregam (em forma não nociva) naturalmente.

Quero salientar que não há motivo para preocupações excessivas em relação ao que está exposto aqui. Apenas sugiro que cada um analise bem o lugar em que dorme, em que trabalha e em que permanece muito tempo. E que tome certas precauções para ter uma vida sempre saudável.

CAPÍTULO XXIX

A ORIGEM E A MAGIA DAS PIRÂMIDES

A ORIGEM (leia esta hipótese de mente aberta. E tire suas conclusões).

As pirâmides, hoje denominadas "Pirâmides do Egito", foram construídas na pré-história da humanidade, por seres altamente evoluídos cujo corpo era formado por uma espécie de plasma ástrico, não concebível pela nossa limitada imaginação. Vou denominar esses seres de "Gaglius".

A pirâmide maior (conhecida como Queóps) era a morada coletiva desses seres, pois entre eles não havia hierarquia, não havia reis, não havia chefes. Cada um cumpria com sua função primordial, que era a manutenção de suas formas de vida e a garantia de tornar este planeta habitável para as espécies que aqui estariam se desenvolvendo. A pirâmide era completamente oca por dentro, havendo apenas um enorme salão, usado para o repouso e restabelecimento da energia daqueles seres. Devido à natureza de seus corpos, eles podiam simplesmente flutuar, ocupando todo o espaço dentro da pirâmide.

Já as pirâmides menores (Quéfren e Miquerinos) eram depósitos de maquinários especiais, utilizados na preparação do planeta, para garantir o desenvolvimento das formas de vida que já estavam presentes, mas que não sobreviveriam caso o solo, a água e a atmosfera não fossem devidamente preparados.

Quéfren guardava maquinários próprios para o tratamento da Terra e da Água.

Miquerinos (a menor) guardava maquinários próprios para o tratamento do Ar e do Fogo. Fogo esse que vinha do centro da Terra e cuja presença na atmosfera comprometia a sobrevivência das formas de vida que estavam começando a se desenvolver. Os Gaglius foram os responsáveis em manter o elemento Fogo primordial do planeta, em seu centro.

Notou uma coisa? Quéfren e Miquerinos eram as estruturas responsáveis pelos equipamentos utilizados para a manutenção dos 4 elementos: Terra, Água, Ar e Fogo.

Já Queóps mantinha energeticamente o quinto elemento: o plasma! Plasma esse utilizado na ocasião como suporte a uma forma avançada de vida consciente.

Os Gaglius percorriam todo o planeta, trabalhando incansavelmente para a preparação. E montaram pequenas bases em todos os cantos do mundo. Essas pequenas bases são outras pirâmides menores encontradas em vários pontos de nosso planeta. Muitas já nem existem mais. Foram construídas como "pousada temporária".

Pois bem. Mas, por que os Gaglius construíram as pirâmides? A resposta é simples: ENERGIA.

O formato piramidal é uma fonte infinita e intrínseca de energia.

Basta à pirâmide estar ali, devidamente orientada, que ela se transforma em uma fonte enorme de energia. E foi essa energia "gratuita e não poluente" que alimentou os Gaglius e seus maquinários durante milhares de anos. Até que um dia o trabalho deles foi concluído. Quando isso ocorreu, eles preencheram o interior das pirâmides, tornando-as totalmente maciças. E usaram o material disponível no planeta para isso. E o fizeram de tal forma que aquela construção, que é eterna, jamais deixasse pistas sobre a passagem deles pela Terra. Eles utilizaram massa calcária e blocos de pedra, para que pudessem então "jogar a culpa" nos povos futuros que iriam se estabelecer ali e que, no caso, foram os egípcios. Os Gaglius tinham total ciência de que uma forma de vida "inteligente" habitaria este planeta azul, mesmo milhares de anos antes de isso ocorrer.

A Ordem Superior era "ir embora sem deixar rastros" e foi o que fizeram.

Milhares de anos depois, as formas de vida do planeta foram evoluindo e evoluindo. Surgiu o Homem. Povos começaram a habitar a região até que um desses povos se estabeleceu permanentemente por ali, sempre ao redor daquelas magníficas construções. E esse povo, absorvido pela energia local, assimilou um conhecimento e uma evolução muito superior ao que é divulgado pelos "livros de história". E viveram centenas e centenas de anos ao redor daquelas magníficas e misteriosas construções, que à noite emitiam um brilho incomum, como se tivessem uma iluminação dourada saindo do topo delas.

Até que, por volta do ano 2450 a.C., o então faraó Queóps ordenou que a construção maior fosse escavada para lhe servir de túmulo. As escavações foram feitas, porém, o corpo do faraó nunca foi encontrado pelas futuras expedições. Bem... O resto é história já conhecida pela maioria da população mundial. Certo?

O que eu revelei é uma hipótese a respeito da construção dessas maravilhosas estruturas. Claro, existem diversas hipóteses a esse respeito, mas, por uma questão pessoal, foi a que estudei e "vivenciei" com mais veracidade.

Não tenho como provar e nem como revelar a fonte da informação. Só posso dizer uma coisa: acredite, se quiser!

Saliento que existem diversas teorias sobre a construção das Pirâmides do Egito, porém, a mais esdrúxula de todas diz que esses monumentos foram construídos por simples seres humanos, desprovidos totalmente de ferramental apropriado! Houve algumas tentativas de construção, porém, nenhuma teve o tamanho, a precisão e a perfeição das três pirâmides primordiais construídas pelos Gaglius. Outras pirâmides também foram manipuladas pelo homem.

A MAGIA

Mas, deixando a história um pouco de lado, agora vou comentar sobre como as pirâmides podem nos beneficiar, com sua captação e concentração da Energia Cósmica Primordial.

Se quisermos nos beneficiar com sua energia, a primeira coisa que temos de saber é a dimensão e a orientação que uma pirâmide deve ter.

E para isso, basta olhar a pirâmide de Queóps, que é formada por um quadrado e quatro triângulos. O quadrado assentado ao solo mede 228 metros em cada lado. A altura original da pirâmide é 148 metros.

Sendo assim, para termos nossa própria pirâmide, basta respeitar as relações entre a altura e a largura de base, das medidas oficiais da pirâmide de Queóps.

Podemos construir uma forma piramidal bem menor, que tenha, por exemplo, 22,8 centímetros de base e 14,8 centímetros de altura! Ou mesmo uma do tamanho 11,4 x 7,4 centímetros!

Não importa o tamanho, o importante é respeitar a proporção "altura x largura da base".

Outro fator importante é a orientação. Isso é simples. Basta orientar as laterais do quadrado da base para os pontos cardeais. Alguns pesquisadores dizem que devemos orientar as pirâmides com uma diferença de alguns graus, para melhor captação de energia. Eu particularmente ignoro essa sugestão e oriento minhas pirâmides com os lados voltados exatamente em direção aos pontos cardeais. Faço isso porque a Pirâmide de Queóps está orientada da mesma forma, ou seja, exatamente voltada para os pontos cardeais. Existe, sim, um leve desvio, mas é tão ínfimo (3 minutos) que pode ser desconsiderado.

Estando uma pirâmide devidamente orientada, ela passa a concentrar energia em seu interior. Essa energia é a Energia Cósmica Primordial, que existe em todo o Universo e é uma energia altamente vitalizante. A maior concentração de energia existe no interior da pirâmide, principalmente em seu centro. Porém, uma grande parte da energia pode ser sentida nas proximidades laterais e também abaixo dela. Assim sendo, a atuação energética de uma pirâmide é 1/3 de seu tamanho nas laterais e sete vezes o seu tamanho abaixo dela.

Exemplo: imagine uma pirâmide de 1 metro de altura. Obviamente ela terá que ter 1,54 m de base. A energia dessa pirâmide atuará em até 7 metros abaixo dela e 51,3 cm além de suas paredes laterais.

A função primordial de uma pirâmide é concentrar a energia que está dispersa no cosmo. Como já citei, essa energia é altamente vitalizante. Assim sendo, devemos aplicar a pirâmide nas seguintes situações:

- Animar uma pessoa e carregá-la de vitalidade;
- Animar uma planta ou animal, qualquer ser vivo, e carregá-los de vitalidade;
- Conservação de alimentos;
- Energizar ambientes;
- Energizar elementos, sejam de origem orgânica ou não;
- Auxílio na cura de problemas de saúde[21*];

---

[21] * As pirâmides só podem ser utilizadas em caso de saúde, se a "doença" da pessoa não estiver relacionada à infestação virótica ou bacteriana, pois, da mesma forma que a energia lhe trará mais vitalidade, levará vitalidade também para as bactérias causadoras da doença. A Pirâmide não filtra quem ela vai energizar. Portanto, cuidado com isso!

- Melhora de concentração e capacidade mental;
- Melhora em dores musculares e dor de cabeça.

É importante termos pirâmides em casa. Por exemplo, na minha casa, eu tenho uma pirâmide logo acima do filtro de água. Assim, toda a água que se bebe em casa está carregada de uma energia pura e revitalizante.

Para utilizar uma pirâmide, é bastante simples. Basta orientá-la adequadamente na direção dos pontos cardeais e ficar dentro, ou embaixo dela. A Energia Primordial Concentrada fará o resto.

Ou basta você colocar aquilo que se quer energizar. Sejam os seus cristais, água, alimento, plantas, animais, uma caneta que se usa no trabalho, uma peça de roupa. É importante energizar também os objetos, pois eles serão impregnados da energia da pirâmide e essa energia será transferida a você, seja bebendo a água, ingerindo o alimento, ou usando a roupa ou o cristal.

Tenha uma pirâmide e usufrua de todos os benefícios que essa maravilhosa canalizadora de energia pode lhe proporcionar!

E, para encerrar este texto, quero fazer mais algumas considerações:

- Os egípcios sempre registraram os fatos importantes de sua existência por meio de sua forma de escrita: os hieróglifos. Porém, não existem hieróglifos que relatem a construção das pirâmides! Por que será, né?

- As pirâmides foram construídas em um ponto muito peculiar do planeta. Explico: o meridiano terrestre a 31° a Leste de Greenwich e o paralelo a 30° ao Norte do Equador são as linhas que passam pela maior parte da superfície terrestre do planeta. No lugar onde essas linhas se cruzam, está a Grande Pirâmide. Seus eixos Norte-Sul e Leste-Oeste estão alinhados com essas coordenadas. Em outras palavras, a Grande Pirâmide está no centro da superfície terrestre, dividindo-a em partes terrestres (e não marítimas) iguais!

- No solo do planeta Marte, podem ser encontradas estruturas em forma de pirâmides. Os Gaglius andaram por lá. Talvez uma forma de vida fosse se estabelecer em Marte, porém "Alguém" deve ter mudado de ideia e acabaram deixando só o "Planeta Azul" habitado nas proximidades. Nas proximidades...

Pois bem. Se você acredita ou não no relato sobre a origem das pirâmides, isso ficará a seu critério. Só quero salientar que essas estruturas possuem uma força muito grande e seus benefícios são de extrema importância para nos proporcionar uma vida melhor, mais saudável e mais iluminada! Pense nisso e passe a trabalhar mais e melhor a energia de suas pirâmides.

CAPÍTULO XXX

MAS, ONDE ENCONTRAR A VERDADE?

Várias pessoas têm dúvidas a respeito da Verdade apresentada por cada Religião. Se tantas religiões e crenças pregam coisas tão diferentes, então qual seria o lugar certo para encontrar as respostas para todas as nossas dúvidas?

O lugar certo para encontrar as respostas é dentro de nosso próprio coração, "local etéreo" em que se encontra nossa Chama Trina.

Você encontrará várias versões a respeito do mesmo assunto, porém, cabe a você perceber, dentro de sua sabedoria interna, qual a versão que acredita ser a mais correta.

Vou transcrever agora uma parte que está na página de apresentação (editada) do meu livro. Preste atenção:

(Nasci em uma família tradicionalmente católica e segui esse caminho por longos anos. No decurso da vida, segui outras religiões e ensinamentos, tais como o Espiritismo, a Eubiose, a Umbanda e outras, digamos, menos tradicionais.

Percebi que cada ensinamento e "doutrina" possuem mensagens mara-vilhosas. Porém existem certos assuntos em cada uma delas com que eu realmente não concordo. Não estou dizendo que estão erradas, digo apenas que não concordo com alguns pensamentos, o que é um direito meu. Sendo assim, eu peguei o que há de melhor (na minha modesta opinião) em cada uma delas, tirei as coisas que discordo e acabei fazendo a minha própria "religião". Aquilo que sigo, aquilo que creio, aquilo que determino como sendo o certo e o errado, sem dever satisfações a nenhum "ser encarnado").

Veja, eu tive acesso a muitas informações, passei por muitas coisas, muitas religiões, muitas experiências, mas me permiti contestar o que eu sentia que não estava certo. Por isso, eu criei a minha própria religião. É a religião de um homem só, em que eu sou o sacerdote supremo, mas também o seguidor, o fiel, o que está sempre buscando e APRENDENDO!

Veja uma outra parte da apresentação do meu livro:

"O tema principal deste site é a ESPIRITUALIDADE, sem se ater a nenhuma religião. Algumas mensagens são controversas. Sendo assim, não é preciso necessariamente concordar com o que é exposto. Sugiro apenas refletir sobre o que irá ler aqui, tirando as suas próprias conclusões".

Perceba que em sua busca você encontrará muita informação, muitas coisas divergentes, muitas opiniões conflitantes. Mas qual a informação correta? Será exatamente aquela que seu coração determinar. Aquela que a sua sabedoria perceber. Aquela que a sua Fé considerar.

Por isso, faço este alerta. Para que o leitor leia e reflita, tirando suas próprias conclusões.

Mas, para ajudar o seu coração a lhe dizer a verdade, lembre-se que o principal em todo o nosso mundo de Evolução Espiritual resume-se a três condições básicas:

- Sua Fé
- Sua Sabedoria Inata
- Sua Intenção

Algo sobre a Intenção

Sim, a intenção é uma condição básica, pois tem muita gente que pratica a religião e a magia com intenções sujas e maléficas. Uns querem um poder que não lhes pertence, outros querem dinheiro, outros querem simplesmente aparecer (soberba) e outros usam apenas para prejudicar um semelhante. Por isso, reflita sobre suas reais intenções antes de seguir por esse caminho.

Jesus, o Cristo, pregava contra os doutrinadores, os sacerdotes, os escribas da época, pois sabia que essas pessoas eram carregadas de hipocrisia e egoísmo. Em vista disto, Jesus disse:

"E quando orares, não sejas como os hipócritas, pois se comprazem em orar em pé nas sinagogas e às esquinas das ruas, para serem vistos pelos homens. Em verdade vos digo que já receberam o seu galardão.

Mas tu, quando orares, entra no teu aposento e fechando a tua porta, ora a teu Pai, que vê o que está oculto; e teu Pai, que vê o que está oculto, te recompensará.

E orando, não useis de vãs repetições, como os gentios, que pensam que por muito falarem, serão ouvidos.

Não vos assemelheis, pois, a eles, porque vosso Pai sabe o que vos é necessário antes de vós lho pedirdes" (Mateus 6:5-8).

Em seguida, Jesus ensina a oração do Pai Nosso, durante o chamado Sermão da Montanha.

Citei esse trecho para exemplificar umas das verdades sobre a intenção, que, em um conjunto harmonioso com sua Fé e Sabedoria, farão com que o seu coração lhe ensine a Verdade.

Algo sobre a Sabedoria Inata

É importante também salientar que uma boa leitura nos traz conhecimento. O conhecimento é uma fração daquilo que conhecemos como "Sabedoria", um dos pilares que citei anteriormente. Leia muito, mas faça uma leitura crítica. Leia, interprete e tire suas conclusões.

Citando o filósofo inglês John Locke: "Ler fornece conhecimento à mente. Pensar incorpora o que lemos".[22]

A "experiência" também é uma fração da Sabedoria. Portanto, a cada nova experiência de vida, agregue-a à sua Sabedoria. A Sabedoria é inata, pois a trazemos de outras vidas, em nossa própria Essência. E ela "repousa" em nosso subconsciente, até que a despertemos e a alimentemos com conhecimento e experiências adquiridas em nossa vida atual.

---

[22] Disponível em: https://www.escritas.org. Acesso em: 14 de outubro de 2018.

Algo sobre a Fé

O que dizer sobre a Fé? Pergunte ao seu próprio coração, o que ele pode te dizer sobre a Fé. Conhece aquela expressão: "Ver para crer"? Pois então experimente: Crer para Ver! Portanto, agora nos perguntamos: "Onde está a Verdade?".

Só a sua plena reflexão, baseada nos pilares anteriores, poderá dizer. Assim sendo, procure dentro de si mesmo e aí você encontrará a Verdade. Apenas saiba que o Universo em si é uma verdadeira busca. Uma busca que nunca acaba, pois a evolução é contínua e eterna. Saiba que somos um pedacinho de Deus e que não temos limites para criar, para acreditar, para construir, para buscar, para Descobrir!

Lembre-se:

Somos mais ignorantes do que julgamos, porém, somos mais sábios do que imaginamos.

Boa reflexão, que bons pensamentos o acompanhem.

CAPÍTULO XXXI

AMAI-VOS UNS AOS OUTROS

...como Eu vos amei!

Essa é a Lei máxima da espiritualidade, dita pelo Mestre Jesus, durante uma de suas encarnações em nosso mundo material.

Essa Lei suplanta todas as demais e, se fosse seguida à risca, viveríamos em um mundo perfeito.

Tomo a liberdade de dizer que nem mesmo existiriam as doenças físicas.

Quando me refiro a "perfeito", não quero dizer um mundo de "anjinhos voando, com suas asinhas e harpinhas, sorrindo o tempo todo".

Refiro-me a um mundo em que a ganância e o egoísmo dariam lugar à retidão de caráter, à ética, ao sentimento de irmandade e fraternidade em seu estado mais Puro. Tudo isso centralizado no único sentimento do Amor Incondicional, comum a todas as pessoas.

O Amor é o maior dos sentimentos. Tanto o é que a pior coisa que alguém pode sentir é a perda de uma pessoa amada. Não é verdade? De todas as dores que temos em nossa caminhada, essa é a que dói com mais intensidade e é a mais difícil de curar.[23]*

É o Amor que nos impulsiona para frente, para cima, para a concretização de nossos objetivos, para a Evolução Plena, para a Felicidade!

Ponha mais Amor em sua vida e em suas relações no dia a dia. Esqueça o ciúme, o egoísmo, a indiferença.

Algumas pessoas pensam que "quem ama, sente ciúme". Que besteira, pois o ciúme não está relacionado a um sentimento de amor, e sim de posse. E "posse" é um sentimento relacionado a egoísmo. Livre-se dele e seja feliz.

---

[23] *A partir do momento em que algo se torna "difícil", automaticamente deixa de ser "impossível" — pense nisso!

Quem AMA realmente, confia e dá a Liberdade plena de SER AMADO por amor, e não por obrigação.

Experimente vivenciar isso na prática. Todas as manhãs, carregue-se com a Luz Rosa e vá em frente viver o Seu Dia! Em pouco tempo, você perceberá a diferença. Experimente.

Eu sou plenamente a favor de todas as formas de amar, pois o Amor é um sentimento Universal único e que ecoa por todo o planeta, iluminando-o.

Quanto a isso, eu só tenho a dizer que:

"Nenhum de nós tem direito sobre a Liberdade daqueles que amam alguém, seja do sexo oposto, do mesmo sexo, de religiões diferentes, de "raças" diferentes, de condições sociais diferentes, de países diferentes, seja lá o que for! A Humanidade não é formada por "grupos", e sim por "indivíduos". O sentimento do Amor é Único e Igual em qualquer condição".

Ame a sua vida e a todos que dela fazem parte. Ame a si próprio. Coloque mais AMOR em sua existência, assim como nosso Mestre Jesus nos ensinou.

Fiquem na Paz!

CAPÍTULO XXXII

SOBRE A SUPOSTA TRAIÇÃO DE JUDAS

Nós, cristãos, comemoramos a Páscoa.

Esse é um período em que lamentamos a morte de Cristo e três dias depois comemoramos a sua ressurreição. É o fim da Quaresma, um dos períodos mais obscuros do ano.

Nesse período, relembramos também daquele que (supostamente) traiu Jesus: Judas Iscariotes.

Por que insisto em dizer: "supostamente"?

Não sei bem o porquê, mas sempre senti algo diferente nessa história. Eu nunca consegui ver o Apóstolo Judas como um ser trevoso que deliberadamente trairia o seu Mestre. E, sem uma explicação lógica, sempre me incomodei em ver "a malhação do Judas" que sempre aparece na TV nessa época.

Voltando: sempre imaginei que Judas foi apenas uma peça, uma engrenagem de grande importância no cumprimento de uma profecia e que pagou um grande preço pela realização de sua missão. E o que era uma simples "imaginação" virou uma certeza após eu assistir ao programa "O Evangelho de Judas" transmitido pelo canal History Channel. O programa nem foi tão bom, pois se dedicaram mais à história do documento em si do que ao seu conteúdo, o que com certeza seria bem mais interessante.

Mas, vale ressaltar algumas passagens que realmente me fizeram refletir e me trouxeram novos conhecimentos sobre assuntos que antes eu ignorava. Entre os quais, saliento:

- O Evangelho de Judas foi descoberto em 1978 no Egito, por um fazendeiro que estava à procura de tesouros e acabou encontrando uma caixa de pedra, dentro da qual estava um livro de capa de couro, contendo as páginas do Evangelho;

- O Novo Testamento foi determinado no ano 180 d.C., por um único homem, conhecido como Bispo Irineu. Em um período em que os Cristãos eram perseguidos pelo Império Romano, ele escolheu os Evangelhos de Mateus, Marcos, Lucas e João, como os Evangelhos Oficiais, que fariam parte do Novo Testamento da Bíblia;

- Nessa ocasião, o Bispo Irineu estava de posse de mais de 30 Evangelhos, entre eles o Evangelho de Tomé, de Maria Madalena e de Judas Iscariotes;

- Foram escolhidos os quatro Evangelhos de maior repercussão na época. Porém, poderia ter sido escolhido um quinto Evangelho, justamente o de Tomé, que era bem popular. Entretanto, algumas palavras desse Evangelho não condiziam com a postura da Igreja, sendo assim descartado. E tudo isso ficou a cargo da decisão de um só homem!

- Os Evangelhos oficiais não foram escritos necessariamente por Mateus, Marcos, Lucas e João. Acredita-se que esses textos tenham sido escritos pelos "gnósticos", que se basearam nos ensinamentos dos seguidores de Cristo, após sua morte;

- O Evangelho de Judas também foi escrito pelos gnósticos. Nesse evangelho, Judas era visto como um herói, ou seja, aquele que ajudou na Libertação da Alma de Cristo;

- Os chamados "gnósticos" eram pessoas que viviam à margem das Igrejas, pois acreditavam no autoconhecimento. Tiveram peculiar interesse pela história de Jesus e colocaram no "papel", ou melhor, no "papiro", tudo aquilo que ouviam sobre a Vida e Morte do Filho de Deus. Os gnósticos foram os primeiros "Cristãos Místicos", aqueles que acreditavam ter contato direto com as Divindades, sem depender do poder das Igrejas e Sacerdotes da Época[24*];

- Acredita-se que os Evangelhos do Novo Testamento foram escritos muitos anos depois da morte dos quatro Evangelistas;

---

[24] * O que me causaria um certo espanto é alguém ter decorado todo o "Sermão da Montanha" para escrevê-lo mais de 50 anos depois. Mas, sei que o Sermão da Montanha não foi escrito baseando-se na memória de alguém. Ele foi psicografado junto àquele que escreveu o Evangelho de Mateus (que apresenta o discurso completo).

- O Evangelho de Judas não faz referência alguma à crucificação de Cristo. Nesse Evangelho, salientam-se apenas as mensagens do Mestre estando ele em plena Vida. A narrativa termina exatamente no momento da "traição". Momentos antes, Jesus explica a Judas a sua missão e a sua grandeza entre os demais. E salienta a real importância de sua atitude, a "suposta traição".[25]**

Citarei alguns fatos importantes que defendem esse pensamento:

Ao escolher e aceitar os 12 apóstolos, Jesus sabia muito bem quem era cada um deles e qual seria a missão de cada um. Inclusive a missão de Judas.

Judas era uma espécie de tesoureiro do grupo, um cargo de relativa confiança, sob a coordenação de Mateus, o responsável financeiro. Judas não se sentiu muito à vontade ao ter que responder diretamente para o ex-arrecadador de impostos.

Quem condenou Jesus à Crucificação foi o próprio povo, que gritava pela liberdade de Barrabás e pela morte de Cristo, mesmo com os argumentos de Pôncio Pilatos: "Mas o que este Homem fez de mal?" (Marcos 15:14). Jesus Cristo foi condenado pelo mesmo povo que ensinava e curava dias antes.

A História da Crucificação já estava escrita há séculos e naquela noite a profecia se cumpriria: "Eis que é chegada a hora. O Filho do Homem será entregue nas mãos dos pecadores" (Mateus 26:45).

Jesus entrega-se ao seu destino: "Ou pensas que eu não poderia agora orar a meu Pai e que ele não me daria mais de doze legiões de anjos? Como, pois, se cumpririam as Escrituras, que dizem que assim convém que aconteça?" (Mateus 26:53,54). Preste atenção: "...assim convém que aconteça".

Judas arrepende-se, sem ter ciência de sua missão: "Pequei, traindo sangue inocente. E ele, atirando para o templo as moedas de prata, retirou-se e foi-se enforcar" (Mateus 27:4,5).

---

[25] ** O Novo Testamento também traz as cartas de Paulo aos diversos povos, além de cartas de outros apóstolos, entre as quais destaco O Apocalipse, de João. Porém, a parte principal é justamente os quatro Evangelhos, que contêm a história de Jesus Cristo.
Pois bem, o programa nos fez essas revelações. Mas, durante a semana eu fiz algumas pesquisas, pensei bastante a respeito do que vi no programa, reli alguns trechos dos Evangelhos oficiais e cheguei a uma conclusão: Judas Iscariotes não foi um traidor. Ele apenas cumpriu uma missão de grande importância e que lhe foi imposta antes mesmo de seu nascimento terrestre.

Há o que se refletir sobre esta passagem: "Entrou, porém, Satanás em Judas... e foi ter com os principais dos sacerdotes" (Lucas 22:3,4). Por que é citado o Satanás em uma missão que já havia sido profetizada? Será que Judas estava se recusando a trair o Mestre e dessa forma o Mal teve que atuar junto a ele? É de se pensar.

Outra passagem digna de reflexão: "E na verdade, o Filho do Homem vai segundo o que está determinado; mas ai daquele homem por quem é traído" (Lucas 22:22). Sim, o destino de nosso Mestre já estava determinado, mas qual seria a condenação para aquele cujo destino também estava predeterminado, o de amargar o título de traidor por toda a eternidade. Seria essa sua missão e condenação?

Qual seria o real papel de Judas na prisão de Jesus, se tal fato poderia ter ocorrido a qualquer momento, pois Jesus circulava livremente pela região? "Tenho estado todos os dias convosco no templo e não estendestes as mãos contra mim, mas esta é a vossa hora e o poder das trevas" (Lucas 22:53). Talvez a profecia citasse a "traição por aquele de maior confiança".

Agora, na visão de João, temos a certeza de Jesus, e a tentação de Judas: "Ora, antes da festa da Páscoa, sabendo Jesus que já era chegada a sua hora de passar deste mundo para o Pai... E acabada a ceia, tendo já o diabo posto no coração de Judas Iscariotes, filho de Simão, que o traísse" (João 13:1,2). Eu ainda creio que Judas estava relutante no cumprimento de sua missão.

O texto de João é diferente dos demais textos no que se refere à prisão de Jesus. Nos outros Evangelhos, Judas beija Jesus, para mostrar aos soldados do templo quem seria o Cristo. No texto de João, o próprio Jesus se apresenta como sendo o Cristo, e Judas apenas levou os soldados ao Getsêmani, onde supostamente ele estaria com os seus discípulos. Sendo assim, volto a dizer: a prisão de Jesus não poderia ter ocorrido no dia seguinte, sem envolver a participação de Judas? Veja a sequência dos fatos, relatada em João 18:6: Judas e os soldados chegaram junto a Jesus, que pergunta: "A quem buscais". No que lhe responderam: "A Jesus, o Nazareno". "SOU EU": disse Jesus em tom de voz tão forte que derrubou vários soldados ao chão. E Jesus pede que o levem e que deixem os demais livres.

Agora vem a parte mais complexa, aquela em que Jesus ordena a Judas que este vá buscar os soldados. Em João (13:21 a 30), quando questionado sobre quem seria o traidor, Jesus diz: "É aquele a quem eu der o bocado molhado. E, molhando o bocado, o deu a Judas Iscariotes, filho de Simão. E após o bocado, entrou nele Satanás. Disse, pois, Jesus: O que fazes, faze-o depressa... E tendo Judas tomado o bocado, saiu logo. E já era noite". Momentos depois eles se reencontrariam no Getsêmani, pela última vez. O fato de Satanás ter sido citado novamente me dá a certeza de que Judas estava relutante em cumprir a missão. Ele não queria trair o Mestre.

Pois bem. É uma história que já é contada há 2.000 anos, mas eu sinceramente acho que essa história deve ser compreendida levando-se em conta o papel de nosso Mestre Jesus Cristo na salvação da humanidade e na transmissão de sua mensagem de Amor e Fé.

Muito se conhece sobre o nascimento e morte de Jesus. Muito se fala e se representa a respeito de sua crucificação e de seu sofrimento nos últimos momentos de sua vida.

Mas, eu realmente creio que o importante é a Mensagem do Mestre, as suas diversas parábolas, os ensinamentos do Sermão da Montanha, a importância de a todo instante lembrar aos seus seguidores: "Vá em Paz, a Tua Fé te salvou!".

Com sua morte, ele "lavou os pecados do mundo", mas com sua VIDA ele nos deu um caminho em linha reta, uma direção certeira rumo à Morada do Pai.

Creio realmente que seja nessas lições que temos de nos concentrar e, consequentemente, agir com base nelas.

Informo a quem interessar possa que Judas hoje é um grande Ser de Luz.

CAPÍTULO XXXIII

A ORAÇÃO O AJUDA EM TODOS OS PROBLEMAS, SABIA?

Acredite. Tenha Fé. A situação está difícil? Reze. Reze muito, reze com Fé. E se a situação não estiver difícil? Reze do mesmo jeito, para agradecer as bênçãos que você recebe a cada instante da vida.

Mas, rezar não é apenas a mera repetição de palavras decoradas. Repetir essas palavras enquanto se pensa em outra coisa qualquer é bastante fácil. Porém, o resultado disso é quase nulo.

Antes de começar a oração, é importante fazer o famoso "um minuto de silêncio", buscando a sua interiorização e a sua ligação com o seu "Ser de Luz". A partir desse momento, faça a sua oração pessoal, diga as palavras que lhe vêm à cabeça, agradeça, peça. Esse é o início do trabalho. Isso vai ajudá-lo na sua ligação com o Plano Divino. Depois dessa ligeira preparação, você já está conectado ao Plano e, sendo assim, a sua energia será recebida com mais força, mais intensidade.

Ouvi dizer uma vez que as orações, se recitadas em sua linguagem original, são mantras e que o poder desses mantras é infinito. Não conheço alguém que tenha acesso à linguagem realmente original das orações, sendo assim, façamos delas o nosso mantra, pois o poder de nossa Fé é realmente infinito.

O tradicional é rezar o Pai Nosso, a Ave Maria e o Credo, o que com certeza tem um valor incomensurável ao nosso Ser. Porém, podemos incrementar com "algo a mais" de acordo com o que desejamos alcançar.

Por exemplo:

Está necessitando de proteção? Reze o Salmos 91: "Aquele que habita no esconderijo do altíssimo...".

Acha que está carregado com energias negativas, ou tem um "encosto" perto de você? Reze o Salmos 70: "Apressa-te, ó Deus, em livrar-me; Senhor, apressa-te em ajudar-me". A Oração de São Jorge também é muito eficaz nesses casos.

Acha que está faltando algo em sua vida? Amor? Grana? Vontade? Reze o Salmos 23: "O Senhor é o meu pastor; nada me faltará".

Quer agradecer ao Pai? Recite o Salmos 100: "Celebrai com Júbilo ao Senhor, todos os moradores da Terra".

Quer louvar a Deus, ore o Salmos 33: "Regozijai-vos no Senhor, Cantai-lhe um cântico novo".

Quer servir ao Pai e ao Mundo? Reze a Oração de São Francisco: "Senhor, fazei de mim um instrumento de vossa paz".

Percebeu que a maioria das orações passadas são Salmos da Bíblia? Pois é. Eu garanto que o poder dos Salmos é enorme! Porém, é obvio que o poder dos Salmos é diretamente proporcional ao poder da sua concentração e da sua Fé ao recitá-los. Antes de rezá-los, é importante lê-los e entender os seus significados.

Vou aproveitar a ocasião para contar uma pequena história, ou melhor, vou resumir uma história que li no livro de São Cipriano. Sim... aquele livro mesmo... o *Livro de São Cipriano*, que muitos temem.

Pois bem, dizia-se que Cipriano estava perdidamente apaixonado por uma moça e para conquistá-la usou das mais fortes magias, invocando poderosos demônios. Todos que se aproximavam dela voltavam para trás, derrotados. Pois, ao perceber a presença do mal, ela simplesmente orava a Deus, com toda a sua Fé, pedindo a proteção do Pai e que Ele afastasse aquele mal de perto dela. E assim era feito. Nenhum, nem o mais poderoso de todos, conseguiu atingir a moça, pois ela simplesmente... rezava, orava com Fé e concentração. E todos voltavam a Cipriano dizendo: "Não dá... não consigo chegar perto dela, nem lançar magia alguma para atingi-la, pois a Fé que ela tem é muito grande". Se me lembro bem do final dessa história, Cipriano (isso mesmo, o Cipriano, o maior bruxo de que se tem notícia) não conseguiu lançar magias sobre ela, pois ela era uma moça de muita Fé em Deus.

Volto a lembrar do Salmos 23:4: "Ainda que eu andasse pelo vale da sombra da morte, não temeria mal algum, pois Tu estás comigo".

Ou mesmo, podemos lembrar da frase proferida várias vezes por nosso Mestre Jesus: "Vá em Paz. A tua Fé te salvou".

Agora veja esta passagem de Mateus 13:58: "E Jesus não fez ali muitas maravilhas, por causa da incredulidade deles". Essa passagem relata uma visita de Jesus a Nazaré, terra de seus pais, e muitos duvidaram de suas curas e palavras, fazendo com que Ele não realizasse grandes feitos na região. Pois é, nem Jesus Cristo conseguiu operar milagres para um povo que não tinha Fé! Entendeu a diferença?

Percebeu que mesmo os mais poderosos nada puderam fazer a alguém, seja pela sua Fé, ou falta dessa mesma Fé? Por isso as orações têm um grande poder, e podem aliviar uma situação de infortúnio, ou te ajudar a "abrir uma porta".

É isso aí, meu amigo. Nada pode atingir uma vida plena de Fé, Oração e Bondade.

E, é claro, não podemos esquecer-nos das boas atitudes. Repito: Atitude!

Pois essa Tríade (Fé, Atitude e Intenção) pode fazer verdadeiros milagres em sua vida.

CAPÍTULO XXXIV

A FÉ MELHORA A SUA VIDA FINANCEIRA?

De acordo com uma notícia que saiu no site *Terra*, a resposta é SIM! Veja a seguir um trecho da matéria[26]:

"O comparecimento a cultos religiosos pode enriquecer a alma, mas também engorda a carteira, afirmou uma pesquisa divulgada na terça-feira. 'Quando alguém dobra a sua frequência de comparecimento, isso provoca um aumento de 9,1% na renda do lar', escreveu Johathan Gruber, do Instituto de Tecnologia de Massachusetts, em seu estudo. 'Os que possuem mais fé podem ser 'menos estressados' a respeito dos problemas do dia a dia que impedem o sucesso no mercado de trabalho e no mercado do casamento. Por isso, eles seriam mais bem-sucedidos', disse a pesquisa, divulgada pela Agência Nacional de Pesquisa Econômica.".

Gostaria de fazer alguns comentários, tendo essa pesquisa como ponto de partida.

Vou deixar de lado o enriquecimento ilícito dos poderosos donos das "Indústrias da Fé" (se é que vocês me entendem...) e vou comentar apenas sobre a pureza do sentimento de "acreditar".

Tomemos como exemplo o Salmos 23:1,2: "O Senhor é o meu Pastor; Nada me faltará; Deitar-me faz em verdes pastos, guia-me mansamente a águas tranquilas".

Traduza isso agora em: tenho um Pai Universal, Onipresente e Onipotente que supre nossas necessidades e não deixa nada faltar; Ele nos carrega a uma vida de abundância e prosperidade, além de paz e serenidade.

---

[26] Disponível em: https://noticias.terra.com.br/mundo/interna/0,,OI725726-EI294,00.html. Acesso em: 16 out. 2010.

Então, por que será que nossas vidas, em muitos casos, são exatamente o oposto disso tudo? Eu tenho a MINHA resposta para isso. E cada um de vocês terá que buscar essa resposta dentro de si mesmo. Para cada indivíduo, existe uma resposta em particular.

Assim que você refletir bastante e encontrar a sua resposta a essa "charada", você conseguirá tomar as ações necessárias para aproximar-se cada vez mais da verdade que está transcrita no Salmos 23.

Reflita, mas deixe também sua intuição (alma) ajudá-lo.

Lembre-se do texto "Confia na tua intuição! Ouça a voz da tua alma".

O ponto de partida para essa conquista chama-se FÉ. Fé em si próprio e Fé em Deus.

Você é uma pessoa de Fé, mas mesmo assim as coisas não estão boas? Então lembre que tudo poderia ser PIOR!

Voltemos ao assunto em referência. Na pesquisa, está escrito que "os que possuem Fé são menos estressados" podendo dedicar-se com mais sabedoria (e menos preocupação e estresse) ao trabalho, casamento etc.

Isso é uma verdade. Por mais que tenhamos problemas de difícil solução, temos também aquela dose fundamental da esperança de que "tudo vai dar certo".

E esse é um sentimento confortante que faz com que não fiquemos com doses exageradas de preocupação, chateação e agonia, o que certamente acarretaria queda de produtividade profissional, além da queda de satisfação matrimonial, entre outros ramos de nossas vidas. (Vou tomar a liberdade de me ater apenas ao campo profissional, pois o assunto em questão é "dinheiro".)

Porém, a pesquisa relacionou apenas a parte psicológica da questão. Eu vou um pouco mais além e ouso comentar que as pessoas de Fé Positiva vibram esse sentimento ao Astral Superior e este, por sua vez, devolve esse sentimento materializando-o no mundo físico (assim embaixo como em cima: O Caibalion).

Claro que existem muitas pessoas sem fé bem-sucedidas e vice-versa. Isso é obvio. O que quero mostrar não é que apenas "os que creem" são bem-sucedidos. Não devemos generalizar. Mas, de acordo com minha opinião e o resultado dessa pesquisa, existe uma *tendência* maior de sucesso aos praticantes da Fé.

E essa tendência é explicada a partir dos fatores:

- *Menos estresse (psico);*
- *Mais confiança (psico);*
- *Sentimento maior de conforto e segurança, pois existe um Deus que olha pelos seus amados filhos (psico/astral);*
- *Vibração intrínseca de positivismo e sucesso na vida (astral).*

Esses fatores certamente têm uma ação efetiva na vida de qualquer ser humano.

Obs.: de modo algum quero fazer comparações singelas entre pessoas "sem fé" e "com fé". Cada um tem a sua opinião e ponto de vista, que são sagrados e devem ser respeitados, ok?

Eu, em minha resposta citada anteriormente, passei a relacionar fatos concretos que ocorreram comigo, que corroboram a verdade do estudo de Johathan Gruber. Em minha vida, sempre tive períodos de "altos e baixos" e nos períodos "baixos" sempre ocorreram fatos meio que inexplicáveis e que me tiraram de situações desagradáveis.

Posso citar um exemplo, já descrito em um texto anterior deste livro "O Centro da Sua Vontade" – Capítulo VI, em que eu tinha uma certa preocupação com um assunto em específico.

Um belo dia, indo até a casa de um amigo (aonde já tinha ido milhares de vezes), entrei em uma rua errada e tive que fazer uma volta maior. Pratiquei um pouco do "autoxingamento" por ter cometido uma vacilada tão grande, porém, no meio da volta maior que estava fazendo, um fato ocorreu. E esse fato levou à solução daquele meu problema pendente. Pensei: não foi por acaso que errei o caminho, tão inexplicavelmente.

Poderia relacionar mais dezenas de fatos concretos e realmente ocorridos comigo, que chegaram no momento certo, proporcionando a resolução de alguns problemas.

Poderia chamar esses fatos de SORTE, mas creio que a "sorte" é apenas uma decorrência de sua FÉ. É "Crer para Ver"!

Vejo-me na obrigação de salientar um ponto importante: "Não adianta ficar tendo Fé, deitado no sofá"!

Na Bíblia, existem duas passagens específicas que nos mostram inconscientemente que o "equilíbrio" é a chave do sucesso, pois a princípio poderíamos imaginar que suas mensagens são antagônicas:

- "Terás o teu pão, com o suor do teu rosto" (Gênesis 3:19); e
- "Espera em Deus, pois ainda O louvarei" (Salmos 43:5).

A primeira passagem diz: nada virá de graça até você. É necessário o teu trabalho e a tua dedicação para conseguir atingir teus objetivos.

A segunda diz: confia e aguarda, com fé e serenidade. Ele virá em teu auxílio.

Qual a passagem correta? Agir ou Confiar? Posso afirmar que AS DUAS estão corretas. Nesse caso, não existe o "OU", e sim o "E".

Aja, confiando no sucesso de suas ações e na Lei Universal de que colherás aquilo que plantas.

Agir com o pensamento "putz, isso não vai dar certo" só fará dar errado mesmo.

Mantenha o perfeito equilíbrio e sintonia entre suas ações e seus pensamentos, entre o material e o astral. Pratique ações positivas, tendo pensamentos positivos.

Faça, confiando em você e em Deus. Só assim você terá um sucesso bem estruturado em todas as suas tarefas, em toda a sua vida.

O perfeito equilíbrio entre o material e o astral será de grande valia para se obter o sucesso desejado, em qualquer atividade. Reveja o texto sobre 50% transpiração, 50% inspiração. – Capítulo VII

E não sou só eu que digo isso. A tal pesquisa realizada pelo Instituto de Tecnologia de Massachusetts também. Assim como todas as pessoas que têm a Fé suficiente, para verem seus problemas simplesmente resolvidos de forma meio que "inexplicável".

CAPÍTULO XXXV

NÃO CULPE A DEUS POR UMA CULPA QUE É SUA

Pois é...

Muitas e muitas vezes, eu me deparei com frases como: "que Deus é este que permite uma coisa dessas..."; "por que eu tanto peço e Deus não me ajuda...". Entre outras citações do gênero.

Sei que nada ocorre por um mero acaso. Esses dias eu presenciei um claro exemplo de alguém reclamando muito da vida, das coisas que não ocorriam do jeito como ela queria e, depois de tanto reclamar, a pessoa simplesmente falou: "É esse Deus que não me deixa progredir, que só põe barreira no meu caminho".

Eu simplesmente me abstive de qualquer comentário, pois sabia que não era a hora de falar absolutamente nada. Às vezes, a melhor consolação é o simples silêncio. Devemos saber a hora de calar e de falar a seu devido tempo.

Pois bem, alguns dias depois eu estava num breve momento de oração antes de dormir e resolvi pegar a Bíblia para dar uma lida, ver alguns Salmos, que são meus textos favoritos. Estranhamente o marcador estava numa página diferente. Sempre deixo o marcador na página do Salmos 91. Contudo, naquele dia em específico, ao tentar abrir a Bíblia na página habitual, vi que o marcador apontava para outra página. Certamente comecei a ler o que me foi indicado e me deparei com as seguintes palavras:

"Clamei a Deus com a minha voz; a Deus levantei a minha voz e ele inclinou para mim os ouvidos. No dia da minha angústia busquei ao Senhor; a minha mão se estendeu de noite e não cessava; a minha alma recusava ser consolada.

Lembrava-me de Deus e me perturbava; queixava-me e o meu espírito desfalecia.

Sustentaste os meus olhos vigilantes; estou tão perturbado que não posso falar.

Considerava os dias da antiguidade, os anos dos tempos passados.

De noite chamei à lembrança o meu cântico; meditei em meu coração e o meu espírito investigou. Rejeitará o Senhor para sempre e não tornará a ser favorável?

Cessou para sempre a sua benignidade? Acabou-se já a promessa que veio de geração em geração?

Esqueceu-se Deus de ter misericórdia? Ou encerrou Ele as suas misericórdias na Sua ira?

E eu disse: **Isto é enfermidade minha.** *E logo me lembrei dos anos da Destra do Altíssimo.*

Lembrar-me-ei, pois, das obras do Senhor. Certamente que me lembrarei das tuas maravilhas da antiguidade.

Meditarei também em todas as tuas obras e falei dos Teus feitos". (Salmos 77:1-12).

Pois bem, nesse singelo texto, percebi uma parte do infortúnio daquela pessoa. Ela simplesmente se fechou para receber uma Graça ou uma Ajuda. Ela "parou" com sua Fé, e, principalmente, com suas atitudes no que se refere a um assunto... e resolveu culpar a Deus.

Por incrível que pareça, existe gente que gosta de sofrer. De forma inconsciente, mas gosta de sofrer. Gosta da vida de agonia, gosta de proferir reclamações e angústias. Então, quando pede algo, ou clama por ajuda, o faz sabendo e até desejando que essa ajuda não venha. É estranho, mas é verdade.

Jesus já havia dito: "tudo o que pedirdes com Fé receberás". E um dos componentes da FÉ chama-se "vontade".

Concentre-se nestas partes do Salmos 77: "a minha alma recusava ser consolada"; "queixava-me e meu espírito desfalecia". E veja agora: "isto é enfermidade minha"; "meditei em meu coração e meu espírito investigou".

Concentrando-me nessas partes em específico, cheguei à pessoa e falei: "Dá uma lida no Salmos 77. Em vez de ficar reclamando, abra o coração e se permita receber ajuda. Tem que acreditar, mas tem também que agir".

Pois o problema dela, assim como o de muitas pessoas, é simplesmente esse. Falta da Verdadeira Vontade em ter uma vida melhor, mais feliz, sem o sentimento de angústia o acompanhando a cada instante. Por isso, a "alma se recusa a ser consolada".

Eu sei o que estou falando, pois já tive esse sentimento. Uma vez eu estava com um problema perturbador, e eu me pegava pensando nisso a todo minuto. Acabava me angustiando, de forma que aquilo já havia virado um sentimento normal. Claro, cheguei a culpar a Deus e às coisas do destino.

E, por incrível que pareça, o que me "curou" daquele sentimento foi um filme. Uma comédia, para ser mais específico. Pois bem, vendo uma cena hilária que estava ocorrendo, eu comecei a rir a ponto de quase perder o fôlego, mas no mesmo momento algo na minha cabeça me impediu de dar aquela gargalhada gostosa que a situação exigia. Minha cabeça bloqueou a alegria, para que a agonia não perdesse espaço, como se fosse proibido um momento pleno de alegria. Nesse momento tomei ciência do que eu estava fazendo comigo mesmo. Percebi que "isto é enfermidade minha" e "abri meu coração" para que meu espírito pudesse "investigar" e jogar a agonia fora. Voltei à cena, e finalmente me permiti gargalhar, chorar de tanto rir, perder o fôlego. A partir desse momento, simplesmente aquela angústia se foi, dando lugar a uma Vontade que resolveu o problema em questão.

Você tem que permitir ser ajudado, simplesmente abrindo seu coração e sua alma. Livrando-se das amarras em que você mesmo se prendeu. Não foi Deus, não foi ninguém. Foi você mesmo. Livre-se de sua agonia. Permita-se... Volte a acreditar, e principalmente a agir! Pois um dos pilares do sucesso vem da composição equilibrada entre crer e agir (Fé e Atitude).

Porém, creio que seja importante lembrar que o "mundo atual em que vivemos" é um plano de equilíbrios, de resgate de karmas, de aprendizado evolucional e de cumprimento de missões que nos foram passadas no plano não material. Por isso, nem tudo serão flores, como podemos perceber claramente.

Tudo tem uma razão de ser... e a "culpa" por algo que lhe aconteceu poderá não ser uma "culpa", mas, sim, algo previsto pelo Universo, para resgate de um karma, cumprimento de uma missão, evolução e tantos outros motivos plausíveis para que você tenha que vivenciar uma "dor". Nada é por acaso... Sugiro que você veja o Princípio da Causa e Efeito dos Estudos Herméticos (O Caibalion).

Para finalizar, deixo aqui algo que comprova o que falei. Tente compreender a relação do assunto em questão com o que escreverei a seguir: durante seus anos de pregação, Jesus, o Cristo, voltou à sua cidade natal, Nazaré. Por alguma razão, o povo da cidade questionou de forma veemente os ensinamentos de Jesus, não tendo Fé naquele Homem, nas suas palavras e nos seus feitos. Simplesmente recusaram-se a ser ajudados pelo "filho do carpinteiro José". E conta Mateus: "E não fez ali muitas maravilhas, por causa da incredulidade deles" (Mateus 13:58).

Captou a mensagem?

Bom, como eu disse antes, chegou a hora de silenciar. Pense a respeito, ok?

Fiquem com Deus (sem culpas).

CAPÍTULO XXXVI

A MAIOR VIRTUDE É REALMENTE SABER PERDOAR?

Não. Não é.

A maior virtude é justamente não se ter motivos para ser perdoado.

Creio eu que o correto seja uma inversão de valores para essa situação. Tiremos a "carga" das costas do eventual perdoador e vamos transportá-la para as costas daquele que realmente cometeu a maldade.

Sim, pois creio que qualquer ato digno de ser perdoado foi, em sua essência, um ato de maldade voluntária.

Claro, perdoar é um ato nobre. Mas não praticar o mal é mais nobre ainda. Como dizem: "depois que inventaram a desculpa, ninguém mais é culpado".

Não deveria ser bem assim. Aquele que pratica o mal irá pagar pelos seus atos, de uma forma ou de outra.

Eu sou sincero em dizer que existem algumas situações em minha vida em que não perdoo o mal que me fizeram. Muito pelo contrário, quero que paguem por isso e, na hora desse pagamento, que se lembrem de meu nome. Não sou uma pessoa vingativa, mas procuro ser justo.

Conforme está descrito no Salmos 118: "O Senhor está comigo entre aqueles que me ajudam; Pelo que verei cumprido o meu desejo sobre os que me aborrecem". Quanto a isso, só posso dizer: "Que assim seja!".

As igrejas dizem que Deus perdoa tudo. Discordo, pois, se assim fosse, não existiria o Karma. Não existiriam as Leis do Equilíbrio. Você acumula karmas, em virtude dos atos de maldade praticados em suas diversas vidas. E, em outros momentos de sua vida, você pagará pelas maldades que fez. Então perceba que você não foi simplesmente perdoado. O que ocorreu foi que Deus, ao invés de simplesmente perdoar, deu-lhe a chance de pagar pelo seu erro. Seja por momentos de sofrimento, seja na prática da caridade.

Pelas bondades que pratica, você acumula basicamente duas coisas:

- *Luz*
- *Felicidade*

Existe uma certa "vertente religiosa" que pensa que Deus a tudo perdoa. E em razão disso, eles estão sempre cultuando a Jesus, em seus templos de luxo, e pagando altas somas em dinheiro, pelo perdão e pela vida nos céus. Porém, ao deixarem esses templos, alguns normalmente pecam, mentem, fazem tudo o que é ruim e prejudicial a si próprios e a outros, imaginando que amanhã eles estarão no templo novamente, pedindo perdão e dando dinheiro novamente para comprar seu lugar no céu e que, dessa forma, Deus os perdoará pelos pecados cometidos hoje. E assim é hoje, amanhã, depois de amanhã, na próxima semana etc., etc., etc.

Coitados. Não quero nem estar perto na hora em que o Karma cair sobre eles. Pois de nada adiantaram as somas em dinheiro que eles deram aos "mandatários" dessa vertente religiosa. E as suas preces de perdão serão ouvidas. E o perdão virá, mas não da forma que eles imaginam. Eles imaginam um bondoso senhor de barba olhando para eles e os perdoando de suas iniquidades a cada ruindade cometida.

Mas, não é bem assim. Deus apenas vai lhes dar a oportunidade de equilibrar as coisas, seja por meio de um sofrimento similar ao que eles causaram, seja por meio da prática da caridade. É a Lei do Equilíbrio.

O texto sobre a Linha Esquerda fala um pouco sobre isso (Capítulo XXIV).

Todos são responsáveis pelos seus próprios atos. E o que você fizer vai gerar consequências. Se essas consequências forem maléficas para uma outra pessoa, você estará à mercê da Lei do Karma, dependendo da intenção de seu ato. Sim, a intenção é um dos principais fatores que podem abrandar ou aumentar o tamanho de um Karma.

Pense bem sobre isso: Intenção, Propósito, Consciência!

Veja, mas agora vou defender um pouco "o perdão", pois na realidade o perdão é uma causa nobre e deve ser praticado. E explico por quê:

Existem pelo menos duas orações que dizem algo sobre o ato de perdoar:

- *O Pai Nosso: "Perdoai as nossas ofensas, assim como nós perdoamos a quem nos tem ofendido".*
- *A Oração de São Francisco: "É perdoando que se é perdoado".*

Pois bem, mas elas dizem que você deve primeiro praticar o perdão, pois só assim você terá o mesmo direito a ser perdoado. É a Lei do Equilíbrio novamente, meu amigo. Pense nisso também.

Você pede perdão pelos seus atos, mas tenha em mente duas coisas básicas:

- *Perdoar a quem o ofendeu;*
- *Tentar não "praticar o ato de ruindade" novamente;*

A "troca de perdão" entre os habitantes do planeta é uma atividade natural. Quando você perdoa alguém, você está minimizando o efeito do Karma sobre ele. Mas, pense também que essa troca terá efeitos minimizantes sobre você também. Concorda?

Quando alguém se arrepende de coração de um ato que praticou, e a outra parte o perdoa de coração também, o efeito do Karma poderá passar de "um sofrimento intenso" para a "prática de caridade". Entendeu? O seu perdão pode trazer benefícios à humanidade, diminuindo um sofredor e adicionando um praticante de caridade. Veja o quanto é importante o seu perdão. A obra *Um curso em milagres*, de Helen Schucman, do qual sou um estudante, trata muito e absolutamente do Perdão Incondicional.

Mas, volto ao teor do texto: é muito mais nobre não ter motivos para ser perdoado, do que perdoar.

E, para encerrar, quero deixar claro que em momento algum eu contradisse minhas palavras, ao citar o Salmos 118 e a seguir explicar a importância do perdão. Quero deixar claro que não sou candidato a santo e muito menos sou hipócrita. Existiram situações que ocorreram em minha vida em que perdoei de coração àqueles que praticaram o mal contra mim. Em outras ocasiões, isso não ocorreu. Trato cada uma como um caso isolado. Que cada um reflita da mesma forma sobre seus casos isolados.

CAPÍTULO XXXVII

MAS, AFINAL, EM QUÊ ACREDITAR?

Espiritualmente falando, vivemos em um mundo de muita diversidade, de muitas diferenças entre crenças e religiões.

Como disse Mahatma Gandhi: "Existem tantas religiões como existem indivíduos".

E no meio de tantas opções, de tantas "verdades e inverdades", às vezes me pego meio perdido, meio confuso sobre se a minha Fé em determinada energia é realmente válida.

Quando isso ocorre, eu faço algo que me ajuda bastante a discernir sobre a minha própria crença: eu simplesmente silencio meus pensamentos, silencio minha alma, procuro não pensar em nada, apenas focar aquele assunto em questão. E assim deixo minha própria Sabedoria fluir naturalmente. A Sabedoria que todos nós temos, e que geralmente podemos chegar a ela consultando nosso Eu Interior, que é livre das razões e emoções.

Portanto, quando estiver em dúvida sobre suas crenças, silencie a mente e ouça o seu Eu Interior, a Voz de sua Alma. Ela lhe indicará o caminho correto, mesmo que a princípio pareça ser o caminho diferente dos seus anseios. Você tem o direito de questionar, ou até mesmo de negar o que lhe for indicado. Porém, pense bem, pois a Voz de Tua Alma quer apenas o teu Bem, e te levar a um pleno entendimento sobre os maiores mistérios de sua Vida. É aí que estarão todas as suas respostas. (Mensagem readequada de outro texto deste livro.)

As conclusões a que chego após esse momento servirão para a afirmação de minha Fé, de minha crença.

Pois bem, às vezes me pergunto: "em que acreditar?". Vou descrever a seguir algumas de minhas respostas. Saliento que estas são minhas respostas pessoais, e que não é minha intenção mudar ou induzir a Fé de ninguém. Portanto, quem quiser ler, leia. E tire suas próprias conclusões, consultando acima de tudo o seu "EU interior".

§ Eu acredito em Deus Pai Todo Poderoso. Entidade consciente de Energia e Força Supremas, que doa continuamente uma parte de Seu Corpo a cada ser vivente neste e em outros planetas, e a cada forma de consciência que não habita em mundos materiais. Todos nós fazemos parte do TODO;

§ Eu acredito na Força Crística de Deus, que regularmente envia para o nosso mundo Avatares de Luz e Sabedoria, como são os casos de Jesus, o Cristo, Buda, Maomé, Krishna e Oxalá. Como cristão, minha referência principal de Fé são as ações, pensamentos e energias de Jesus, o Cristo;

§ Eu acredito que Jesus era filho biológico de José, marido de Maria. Acredito que O Divino implantou no corpo do filho de Maria e José a Essência Divina da Entidade Suprema de Luz, a quem conhecemos como Jesus;

§ Eu acredito que o Divino Espírito Santo seja o AR que nos faz respirar e sentir o mundo espiritual. Tal qual o som se propaga pelo ar, nossas orações, crenças, súplicas e gratidões dirigidas a Deus, a Jesus ou a outro Avatar propagam-se por meio da Energia Onipresente conhecida por nós como "O Divino Espírito Santo". Sem Ele, existiria o vácuo e "nosso som" não chegaria a Deus;

§ Eu acredito na Evolução de cada um de nós, assim como acredito na Evolução de Deus. E para evoluirmos de forma consistente são necessárias várias vidas, várias vindas a este e a outros planetas, cada qual com sua faixa vibratória. Assim sendo, eu acredito na reencarnação;

§ Eu acredito na Lei do Karma. Somos responsáveis pelos nossos atos e temos de arcar com as consequências destes, sejam elas boas ou ruins. O mundo é equilíbrio. A toda ação corresponde uma reação de mesma intensidade, mesma direção e sentidos opostos. Tenha isso em mente, antes de praticar uma maldade. Ou uma bondade...

§ Eu acredito no destino de cada um de nós, tal qual está descrito no capítulo sobre Destino;

§ Eu acredito que a Evolução não se dá só no mundo material. Espíritos podem evoluir ou involuir de acordo com seus atos e vibração. A encarnação apenas acelera o processo de Evolução Espiritual, que é o objetivo final disso tudo: o retorno à Casa do Pai, levando a Ela mais Luz;

§ Eu acredito que, no momento de nossa concepção material, somos agraciados com um Protetor Espiritual, que conhecemos como Guia, Mentor, ou mesmo como Anjo da Guarda. Essa entidade nos guia, ilumina, protege, mas acima de tudo respeita nossas decisões, nosso livre-arbítrio. Ele pode nos proteger da maldade dos outros, mas dificilmente de nossa própria maldade para conosco mesmo. E se coisas ruins nos ocorrem, ocasionadas pela maldade alheia, é porque permitimos que isso ocorra. Mesmo que inconscientemente, permitimos o mal que é feito contra nós. Orai E Vigiai!

§ Eu acredito em espíritos, que podem ser bons ou ruins. Iluminados, ou trevosos. Os espíritos podem interferir em nossas vidas, positivamente ou negativamente. Depende de nossa vibração e de nossa sintonia com o mundo espiritual. Se sintonizarmos baixas vibrações, estaremos mais suscetíveis aos espíritos trevosos que tendem a nos prejudicar. E vice-versa. Funciona como a "Lei do Rádio", já descrita em outro capítulo;

§ Eu acredito no poder das orações e em tudo o que elas podem trazer de bom para nossas vidas. Orar com Fé e Concentração Plenas e Absolutas é fundamental para que as orações tenham efeito real em nossas vidas. Antes de realizar uma oração, faça uma interpretação dela, entenda a sua mensagem. E a transmita a Deus;

§ Eu acredito na bondade humana e em como um pensamento positivo sincero e verdadeiro pode lhe beneficiar. Um simples e sincero desejo de "bom dia" pode lhe trazer inúmeros benefícios. Saiba reconhecer e receber essa excelente vibração;

§ Eu acredito na maldade humana e em como um pensamento negativo, carregado de inveja e agonia pode prejudicá-lo. A maldade humana é tão presente, que algumas pessoas recorrem a atos de magia negra, pela simples satisfação de prejudicar alguém. Toda a forma de energia flui pelo espaço e, se você estiver sintonizando uma vibração similar, essas energias negativas podem "encostar" em você. Por isso sempre repito: Orai e Vigiai. Mantenha bons pensamentos, boas ações e boas vibrações e acima de tudo a Fé de que você Tudo Pode Naquele que O Fortalece. E durma tranquilo sabendo que nada poderá atingi-lo.

Sobre bondade ou maldade humana, vou citar uma frase: "Não é o meio que faz o homem, mas é o homem que faz o meio". Reflita!

§ Eu acredito que Energias de Cura (passes, Reiki, Radiestesia, entre outros) podem auxiliar no tratamento de enfermidades. Não digo que seria um tratamento que poderia substituir a Medicina. Jamais teria essa pretensão. Mas o tratamento energético pode auxiliar, pode ajudar a curar uma enfermidade. Eu mesmo já trabalhei em Mesa de Cura e os relatos imediatos de melhora de algumas dores e "mal-estar" eram muito frequentes.

§ Eu acredito nos Seres Espirituais, nas Entidades, nas Linhas de Direita e de Esquerda, cada qual com seu trabalho e sua função. Acredito nos Mestres da Grande Fraternidade Branca, acredito nos Orixás, acredito na Linha dos Santos, acredito no Comando Ashtar Sheran. Acredito que cada linha citada tem sua própria missão na Evolução de nosso Planeta, na evolução de cada "Filho de Deus", na Evolução do Universo. Devido à grande diversidade de crenças em nosso mundo, cada ser humano de fé sintoniza mais adequadamente a essa ou àquela linha. Mas o objetivo de todas é um só: o retorno à Casa do Pai, levando a Ela mais Luz;

§ Eu acredito que, se não fosse pela intervenção Divina e das Linhas citadas no tópico anterior, este planeta já seria um pedaço de pedra vagando sem vida pelo espaço. O ser humano já teria destruído este planeta e a todos que nele habitam;

§ Acredito que o ato sexual seja um dos mais belos exemplos de Amor. E que o amor é um sentimento único que ilumina nosso mundo. Acredito que apenas os frustrados e hipócritas tratam a sexualidade como sendo um pecado. Façam mais amor e menos guerra. Façam mais amor e menos fofoca. Façam mais amor e menos intrigas. Chega de falso moralismo, de hipocrisia. A natureza criou o prazer sexual, então o encaremos como um sentimento natural. Esqueça a opinião de gente frustrada e hipócrita. Viva a vida com plenitude, sabedoria, respeito e saiba que você é responsável por seus atos e principalmente por suas consequências!

§ Eu acredito que os animais são tão evoluídos quanto os seres humanos. Acredito que neste planeta não existe uma espécie dominante. Todos os seres vivos são dominantes e, como tais, merecem o devido respeito. Eu realmente não creio que um homem seja mais do que um cachorro, ou um cavalo. Estão todos no mesmo patamar, pois cada qual contribui para o Universo. É simplesmente irresponsabilidade e ignorância nos "autocolocarmos" acima da própria natureza;

§ Eu acredito na minha força interior. Acredito que posso mudar o mundo. Acredito que tenho o livre-arbítrio para fazer o que eu quiser, mas que cada ato terá sua consequência. E terei que responder por cada vida afetada por um ato, por um pensamento meu. Por isso, busco praticar o bem, elevando o bem-estar daqueles que me cercam. Por isso sou feliz.

Bom, descrevi algumas coisas em que acredito realmente. Citei as principais, pois, se fosse escrever tudo, passaria semanas escrevendo, o que não é minha intenção. Espero apenas que reflitam a respeito de cada item apresentado. Concorde ou Discorde, pois, como disse Gandhi: "Existem tantas religiões como existem indivíduos".

CAPÍTULO XXXVIII

POR QUE SE "PRENDER" EM SUA RELIGIÃO?

...ao invés de simplesmente se libertar por meio dela?

No decorrer dos anos, já atravessei muitos caminhos, uns produtivos, outros nem tanto. Já participei de várias religiões, crenças e trabalhos espirituais, discernindo em cada um deles o que é o certo e o que é o errado. Porém, nesses caminhos, percebi uma coisa que fez com que eu me afastasse das "crenças prontas" e seguisse por um caminho autônomo.

Essa coisa se chama Ego Humano!

Percebi que diversas Religiões trazem mensagens belíssimas de Paz, Amor, Fraternidade, Caridade, Igualdade, Fé, Evolução e Respeito. Porém, ao me deparar com algumas pessoas "formadoras de opinião" dentro dessas Religiões, acabei encontrando sentimentos de inveja, desigualdade, desrespeito, orgulho exacerbado, fofocas, intromissão, preconceito, entre outros sentimos baixos, que não condizem com uma pessoa seguidora de uma Doutrina de Luz.

Somos seres humanos e passíveis de erros, mas tudo tem um limite. E esse limite chama-se: **intenção**.

É justamente a intenção da pessoa que determinará se o erro é brando ou grave.

Algumas pessoas se fecham e se prendem em suas religiões, praticando, em nome delas, os piores atos. De preconceito a assassinato, tudo pode ser praticado em nome de Deus, ou outra Divindade, dependendo da crença. E os praticantes não têm a coragem de assumir seus próprios atos, colocando a culpa no Deus de sua religião.

Olha só que coisa absurda: há uns anos, eu vi uma matéria num telejornal, mostrando cenas de um país (se não me engano ao norte da

Europa), em que pessoas da religião X iam até a porta de uma escola frequentada por meninas de religião Y. Essas pessoas X, em um grupo numeroso, paravam na porta da escola Y e ficavam ali xingando e ofendendo as menininhas de 6, 7 ou 8 anos que chegavam para estudar. O crime dessas crianças? Pertencer à religião Y, e não à religião X.

Eu tenho certeza absoluta de que o Deus dessa religião X nunca disse: "Irás para a porta da escola de Y e ofenderás com xingamentos de baixo calão meninas de 8 anos praticantes da religião Y".

É óbvio que um ato desses é fruto da mente insana de um imoral de mente e espírito que foi seguido por diversos outros fracos e imorais de mente e espírito. Mesmo porque o DEUS da religião X e Y é exatamente o mesmo!

Outro episódio marcante foi um ato de total desrespeito praticado por um integrante da religião Z, que veementemente passou a chutar e a agredir uma imagem de culto da religião B, sendo esse ato transmitido às televisões de todo o país. Quem não se lembra dos chutes dados na imagem de Nossa Senhora Aparecida?

Recentemente, tivemos outro episódio em que integrantes da religião Z passaram a deturpar a mensagem das religiões afro-brasileiras num ato de total preconceito e intransigência. Coisa que com certeza o Deus deles não deve ter ensinado. Mas, sim, o "homem" deles...

Em outra ocasião, participei de um trabalho espiritual em que, logo depois de concluído, alguns participantes ficaram "medindo a força espiritual" dos outros praticantes, como se aquilo fosse uma competição.

Cheguei a ouvir a seguinte frase, proferida logicamente por um ignorante: "eu tenho mais força do que você" — disse ele a outro praticante.

Agora me diga: um comportamento desses condiz com uma Mensagem Divina de Igualdade, Fraternidade e principalmente Humildade?

Citei neste texto apenas esses quatro casos, porém, existem outros milhões e milhões de casos, em que o ego humano age em detrimento do Amor Divino Incondicional. Por que será que o homem teima em seguir suas próprias neuras, seu próprio orgulho, sua própria insanidade, ao invés de simplesmente se deixar libertar pela Mensagem Puramente Divina?

"Ame a teu próximo como a ti mesmo" deveria bastar para que o nosso planeta fosse um mundo justo, correto e principalmente Fraterno.

A Mensagem Primordial de muitas religiões perdeu a sua Originalidade Divina, em prol do ego humano.

As palavras de Amor, Liberdade e Irmandade, vindas da Origem Divina, perderam-se em prol do benefício de poucos poderosos, que reescreveram as mensagens baseando-se na sua própria ganância.

Tenha certeza de uma coisa: Deus Liberta. Deus é o Amor Incondicional, é a Fraternidade, a Irmandade, a Humildade, o Respeito, a Felicidade pura e simples.

O homem aprisiona. Criou leis absurdas e alterou livros e mensagens sagradas, em benefício próprio.

Salmos 118: 8,9: "É melhor confiar no Senhor do que confiar no homem. É melhor confiar no Senhor do que confiar nos príncipes".

Muitos textos foram mexidos em virtude do orgulho e ganância do homem.

E foram apagados e queimados, fazendo com que textos sagrados e mensagens de amor e espiritualidade consciente deixassem de existir. Pouco sobrou da estrutura original.

Sorte que hoje temos as mensagens espirituais, passadas por entidades fora do plano físico, que estão totalmente descontaminadas das más intenções que cercam o nosso mundo material.

Liberte-se, liberte seus pensamentos.

Medite, preencha a Chama Trina Divina que está no seu Chakra Cardíaco. Carregue-se do Amor Incondicional, Sintonize a Luz Divina e tome suas próprias decisões, baseado sempre no Respeito a você mesmo e aos demais seres vivos que vivem próximos ou distantes de você.

Acredite em Deus e, se em algum momento, você tiver dúvida se determinado ato é certo ou errado, imagine o Mestre Jesus praticando aquele ato.

Você consegue imaginar o "Jesus Cristo" parado na porta de uma escola da religião Y, xingando garotinhas de 8 anos? Pois é. Esse tipo de pensamento, por mais esdrúxulo que seja, vai ajudá-lo a discernir com sabedoria, entre o certo e o errado.

CAPÍTULO XXXIX

EU EVOLUO, NÓS EVOLUÍMOS, DEUS EVOLUI

O que quero tratar aqui é um assunto bastante interessante para a Vida como um todo, tanto material como espiritual. Trata-se de um "mero detalhe" de nossa existência, chamado EVOLUÇÃO.

Para que este texto tenha o efeito desejado, vou citar rapidamente alguns assuntos como: a lei da Ação e Reação, a lei do Karma, o retorno à Casa do Pai, entre outros.

Diz uma famosa lei da Física: "A toda ação, existe uma reação de mesma intensidade, mesma direção e sentidos opostos". Isso é comprovado pela Ciência, citando um comportamento da matéria e energia. Porém, essa lei também é aplicável à "não matéria".[27]

Todas as suas ações, comportamentos, pensamentos refletem no Campo Astral e voltam para você na mesma intensidade (assim embaixo como em cima, assim em cima como embaixo — O Caibalion.

Sejam ações boas, ruins ou indiferentes, existirá sobre você uma nova ação de mesma intensidade, mesma direção e (a novidade) mesmo propósito. Essa reação não é imediata, pode demorar anos para ocorrer, mas com certeza ocorre.

Antes, tínhamos a lei do Karma, fazendo com que a reação pudesse ocorrer em outra encarnação.

Hoje em dia, como nosso planeta está vivenciando um período de transformação energética, as reações são muito mais rápidas, ocorrendo ainda nesta vida. Pode demorar anos, mas a reação vem. E como já disse, tanto para ações boas, ruins ou indiferentes.

---

[27] Terceira Lei de Newton. Disponível em: https://www.significados.com.br/terceira-lei-de-newton/. Acesso em: 25 jun. 2022.

E essa pressa tem uma razão: "o Retorno à casa do Pai", ou seja, Deus enviou Centelhas Divinas para presenciar a Vida Autônoma e a Evolução, e um dia essas Centelhas retornarão a Ele.

O período do Retorno está chegando (claro, dentro de alguns milhares de anos) e não dá mais tempo de ficar acumulando Karmas.

A lei agora é "pagar" os Karmas nesta vida mesmo, agilizando nosso retorno.

Uma coisa que sempre me perguntei é: "Pra que tudo isso?".

Na minha ignorância, cheguei a uma conclusão simples: Deus Evolui!

Sim, Ele é Perfeito, mas a sua criação tem um propósito de ser. E qual é esse propósito?

VIDA, EVOLUÇÃO e ILUMINAÇÃO nos conceitos mais puros e Divinos dessas palavras.

Deus Vive e Evolui conosco. E a razão d'Ele criar a Luz (E faça-se a Luz) foi justamente dar-nos a oportunidade de "deixar a casa do Pai", caminharmos com nossas próprias pernas e VOLTAR como Seres melhores, mais evoluídos, mais iluminados. Dessa forma, retornamos à Sua Morada, iluminando-a ainda mais.

Se evoluirmos e nos iluminarmos, Deus evolui conosco. Se não evoluímos, atrasamos a Evolução de Deus.

Perceba nossa responsabilidade nessa coisa toda! E nossa evolução é alcançada a partir de nossas ações para conosco e para com os demais seres vivos, encarnados ou não. (Pensamento também é uma ação, certo?)

Nossa Missão Primordial é tornar este mundo um lugar melhor para se viver, iluminando-nos cada vez mais e, em nosso Retorno, iluminar a "morada do Pai" (o nome dado a isso não importa, o que importa é a essência, pois esse lugar realmente existe).

Voltando ao assunto "tornar este mundo um lugar melhor para se viver", saliento que, cada vez que você faz alguém sorrir, ter esperança, calor, conforto, acolhimento, conhecimento, entre outras emoções de Luz, a Lei da Ação e Reação o ilumina, o presenteia com uma Luz de igual intensidade. Sua Centelha Divina brilhará mais iluminada.

Cada vez que você faz o oposto, essa mesma Lei tira de você uma quantidade de Luz, na mesma intensidade daquela que você tirou de alguém. Sua Centelha Divina brilhará menos.

É o Equilíbrio e a Justiça Divina agindo sobre todos nós.

Com isso, podemos concluir que o egoísmo é um dos piores sentimentos.

Pois bem, acho que já falei o suficiente. Agora cada um que reflita sobre o que acabou de ler. E quem ler perceberá que nenhum texto é muito aprofundado nos assuntos, mas procuro usar uma linguagem que seja apenas o início para a reflexão sobre os temas abordados, em que cada um chegará às suas próprias conclusões finais.

Apenas lembre-se de sua responsabilidade para com a Evolução Divina.

CAPÍTULO XL

O CÓDIGO DA VINCI, MERA FICÇÃO?

Há muito tempo, eu li o livro *O Código Da Vinci*. Achei legal, mas realmente eu esperava mais de um livro que fez tanto barulho. O livro foi classificado como sendo "ficção" e, mesmo assim, as igrejas orientaram seus fiéis a não ler obras desse autor. Não entendi o porquê dessa preocupação, pois o livro é realmente uma ficção. Langdon, Sophie e os demais personagens não existem, assim como muita coisa demonstrada.

Mas, o que chama a atenção no livro não é a correria dos personagens em ficar o tempo todo decifrando enigmas. E sim a "teoria" de que Jesus e Maria Madalena geraram descendentes e que ela seria na verdade o Santo Graal.

Quando leio qualquer coisa, costumo sempre perguntar a mim mesmo se aquilo é verdade ou mentira.

A seguir, vou relatar pontos do livro que considero como sendo apenas "plausíveis":

- Jesus e Maria Madalena tiveram um relacionamento romântico, formavam um casal e geraram filhos. No livro o autor comenta que a linhagem de Jesus estaria concentrada em duas famílias. Pouco provável! Creio eu que os descendentes de Jesus e Madalena não tinham a consciência plena de quem foram o Pai e a Mãe deles. Ou o Avô e a Avó deles, e assim por diante. Ocorreu uma grande miscigenação e a linhagem foi há muito perdida, resultado de centenas e centenas de cruzamentos, sem qualquer forma de controle ou conhecimento, nesses quase 2.000 anos que se passaram;

- O Graal realmente é o símbolo da feminilidade e o Santo Graal representa o Sagrado Feminino. Sempre concordei que a Mulher é muito mais evoluída do que o Homem. O poder da mulher e sua capacidade de gerar vida já foram sagrados, mas isso ameaçava a ascensão das religiões predominantemente masculinas. Com o poder Formador de Opinião nas mãos, um grupo de homens com intenções egoístas e mesquinhas criaram o falso conceito de que a mulher (sua alma e principalmente seu corpo) é um ser impuro e gerador de pecado. Foi o homem, e não Deus que criou o conceito de pecado original. A Mulher, que antes era sagrada, agora virava impura e responsável pelos nossos pecados. No texto sobre chakras (Capítulo XIV), comentei que a sexualidade feminina está em um chakra "menos terreno" do que a sexualidade masculina. Lembra?

- Os Textos Sagrados sofreram inúmeras traduções, revisões, acréscimos e omissões. O Livro Sagrado como o conhecemos hoje, reflete, sim a História e Ensinamento da Divindade na Terra. Porém, existem alguns trechos que nada mais são do que meras transcrições de homens com as mais diversas intenções. Ou seja, até para ler um Livro Sagrado temos de ser críticos e refletir com o coração e a razão antes de acreditar piamente no que ali está escrito. Eu pessoalmente tenho profunda Fé em alguns textos e principalmente nos Salmos. Porém, temos de ser críticos para avaliar qualquer leitura. Até esta que você está lendo agora!

- Jesus nomeou Maria Madalena para dar continuidade ao seu trabalho. Porém, esse fato representava uma enorme ameaça aos pilares de filosofias extremamente machistas. O poder dos homens estaria em jogo, pois não só ela foi a mulher a quem Jesus confiou a tarefa de continuar sua pregação e sua lição, como também era a prova física de que Jesus gerou descendentes. Os homens formadores da opinião, para se defenderem contra o poder circunstancial de Maria Madalena, perpetuaram a sua imagem como sendo de uma prostituta e ocultaram as provas do casamento de Cristo com ela.

Resumindo: até o mais célebre e bem intencionado trabalho do mundo pode ser corrompido e distorcido pela ganância e fome de poder do ser humano. E até hoje sofremos as consequências desses atos hediondos.

Aliás, eu adoraria dar uma olhada nos textos que foram retirados do Livro Original, queimados e destruídos pelos inúmeros devaneios, concílios e inquisições.

Voltando ao livro, os personagens conversam detalhadamente sobre as inúmeras mensagens ocultas que Leonardo Da Vinci deixou em suas obras. Sim, acredito realmente que Da Vinci deixou tais mensagens ocultas, porém, se elas correspondem à verdade ou não, digamos que ainda estou refletindo a respeito, para encontrar a minha verdade a esse respeito. A princípio, as tais mensagens ocultas refletem apenas a opinião de Leonardo Da Vinci (dele ou dos "seres" que a ditaram).

Pois bem, a vida de Jesus sempre foi carregada de mistério, principalmente, pelo fato de na Bíblia não termos relatos de sua vida adolescente. Depois de seu nascimento e alguns fatos de infância, existe uma enorme lacuna de tempo, até chegar ao início de sua pregação. Esses anos ocultos já são um grande mistério e os relatos desse tempo simplesmente se perderam, ou foram "perdidos".

Seguindo essa linha, a seguir cito alguns detalhes que apesar de controversos também são plausíveis.

- Jesus não nasceu no dia 25 de dezembro do ano 1. Na realidade o nascimento de Cristo se deu ao dia 21 de agosto do ano 6 a.C., durante o reinado de Herodes, que se deu entre os anos de 37 a.C. e 4 a.C. Creio realmente nisso (vide capítulo XLVIII, sobre Dicas e Informações Adicionais);

- Jesus era filho biológico de José. Creio realmente nisso. Os textos sagrados diziam que o Messias seria descendente do Rei Davi. De acordo com o primeiro capítulo do Evangelho de Mateus, José era descendente de Davi. Sendo assim, tirei minha conclusão sobre isto: Jesus era filho biológico de José. E esse fato em nada compromete a santa imagem de nossa Mãe Maria a qual amamos de alma e coração.

Apesar de controverso, o texto de hoje apenas reflete a minha opinião pessoal acerca do que li e concluí, lendo *O Código Da Vinci*. Se estou certo ou errado, não há como saber. Cada um deve perceber o certo e o errado a respeito de qualquer informação que esteja recebendo.

Os fatos aqui relatados em nada intencionam diminuir a Grandeza de nosso Grande Mestre, cuja Força Suprema é percebida até hoje, em todos os momentos de nossas vidas.

Sou uma pessoa de muita Fé, porém, creio ser válido querermos entender os "porquês" e as "verdades" que permeiam assuntos tão complexos. Essa é uma das minhas buscas pessoais.

CAPÍTULO XLI

POR QUE MESMO QUEM TEM FÉ "SE FERRA" TANTO?

Várias respostas são aplicáveis a essa pergunta. Missão? Karma? Aprendizado? Evolução? Crescimento? Ou simplesmente um erro cometido que trouxe consequências desagradáveis? Creio eu que todas as respostas são corretas.

Vivemos em um planeta em que todos os habitantes, sem exceção, têm algo a resgatar. E esse resgate nem sempre é agradável. Mas é necessário para que possamos manter o equilíbrio de nossa existência, de nossas interações e, principalmente, iluminar nossa alma, para que possamos alcançar a vibração necessária para mudarmos "de esfera".

O próprio padrão de vida neste planeta não permite que nossa vida seja 100% perfeita. Pois estamos aqui para buscar a evolução, para resgatar erros do passado. Infelizmente, a gente só tem essa evolução, aprendizado e resgate em momentos difíceis, em momentos de dor. E isso só se deve à própria natureza humana de "se coçar só no momento em que a coisa aperta".

Agora imagine a sua vida linearmente perfeita. Sem nada a conquistar, sem nada a lhe trazer o sentimento de conquista, sem nada pelo que lutar, sem ter algum desafio à sua frente, no qual você terá que transpor inúmeras dificuldades para vencer. Imagine sua vida sem a menor ponta de preocupação.

Seria a vida perfeita, que todo mundo pediu a Deus? Afirmo com certeza que não. Pelo seguinte:

- Você tem a exata vida que pediu a Deus. Você só não se recorda de seu pedido, pois você era um espírito. E, no momento da reencarnação, essa informação fica guardadinha em um ponto muito obscuro de seu subconsciente;

- Você sabia que os países de melhor qualidade de vida como Japão, Suécia, Suíça etc. apresentam consideráveis índices de suicídio? E que esse tipo de ato geralmente é praticado por jovens abastados sem nenhuma preocupação na vida?

"Poxa, tinha tudo na vida, uma vida tão perfeita. Como foi fazer uma coisa dessas?" — perguntam alguns. E a resposta está exatamente na consciência de que "vida perfeita" não existe. A perfeição está no caos, como diz a física quântica. Sem objetivos, sem se ter o que conquistar, a vida perde o sentido!

Imagine como seria se você se levantasse de manhã e não tivesse "um leão para brigar"? Não tivesse um desafio a ser vencido? Não tivesse um problema a ser transposto? Não tivesse um motivo para lutar? Como ficaria a sua cabeça vivendo nesse suposto "mar de rosas"? Felizmente não sabemos a resposta.

Por mais que as pessoas aparentemente sejam felizes, ninguém sabe o que se passa por dentro delas. Ninguém sabe seus reais pensamentos, seus reais problemas, sejam eles de que natureza forem. Cada um tem sua sina, tem seu destino, tem suas missões a cumprir, tem seu aprendizado e sua evolução a serem conquistados. Com muito trabalho, força e Fé.

O ser humano vive de desafios, vive para transpor barreiras. É a nossa natureza.

Uma conta não paga é um desafio a ser vencido. E, no dia em que se paga a conta, vem a sensação de bem-estar, digna dos grandes batalhadores: uma conquista a mais! E, pode ter certeza, esse batalhador está mais forte. A cada luta, ele se fortalece mais. E a sua vitória será extremamente gratificante!

Conheço muita gente (eu inclusive) que são pessoas de muita Fé, mas que estão passando por muitos problemas de todas as ordens. Mas pergunto: problemas, quem não os tem?

Veja, o próprio Jesus, que foi a pessoa que mais teve Fé que já existiu, morreu pregado em uma cruz. Mas isso por causa da missão que ele tinha para com o mundo. E, apesar de sua Fé inabalável, viveu momentos de dor e agonia intensas. E, estando no Getsêmani, sabendo tudo o que iria passar dentro de algumas horas, ele disse: "Pai, afasta de mim esse cálice. Mas que seja feita a tua vontade e não a minha" (Mateus 26:39)

Nesse momento, ele tomou consciência de que não queria passar pelo martírio. Ele não queria passar por aquele sofrimento todo, mas veja, até no caso de Jesus Cristo, a vontade Divina foi soberana. E a profecia foi cumprida e mudou a história da humanidade.

Para que possamos nos iluminar cada vez mais, precisamos nos fortalecer física, mental e espiritualmente. E isso só é possível nos momentos em que temos de forçar contra nossa própria natureza, contra forças que virão se abater sobre nós.

Veja o exemplo dos pelos de barba. Eles sempre voltam mais fortes, à medida que os cortamos. Não é verdade?

Uma coisa importante: quem tem Fé tem mais força pra atravessar momentos difíceis, porque, acima de tudo, é alimentado por um sentimento de esperança, por um sentimento de que tudo vai dar certo. O sentimento de que Alguém Maior olha por ele e cuida dele (O Senhor é o meu Pastor, nada me faltará.)

Diferente de pessoas que não têm Fé e que se veem sozinhos, num mundo de provações. Não vê, não enxerga e não crê em uma Força Superior que possa ajudá-lo a sair de uma certa situação. Isso na vida de uma pessoa, no seu íntimo, pode fazer uma grande diferença.

O principal quando estiver em uma adversidade é manter a força, a serenidade e principalmente a Fé. Nunca se deixar abater ou desanimar. Claro que o desânimo sempre vem, mas não podemos deixá-lo se tornar maior do que nossa força. Tenha Fé de que tudo vai passar, todas as adversidades são passageiras. Deus quer sempre o nosso bem e as coisas acontecem para o nosso aprendizado, evolução ou mesmo missão.

Às vezes, é num momento de maior dificuldade que você vê uma luz no fim do túnel, uma esperança renascendo dentro de você mesmo. E o principal: você descobre a sua própria força. Descobre uma força que você não imaginava que existia.

Descobre o quanto você é capaz de realizar e concretizar, mesmo tudo indo ao contrário de seus anseios. É nesse momento que você vai crescer e evoluir espiritualmente e fisicamente. Pois você vai pôr para fora uma força que vai mudar a sua vida para muito melhor, com uma nova consciência, uma nova forma de encarar as adversidades. Às vezes essa "coisa ruim" vem para despertar em você essa força até então desconhecida. Algo que estava "dormindo" dentro do seu ser.

E não é com situações amenas e tranquilas que essa força será despertada.

Eu mesmo sou uma prova disso. Já passei por momentos terríveis e de muita dificuldade. E foi exatamente nesses momentos que eu aprendi a ter Fé, que aprendi a seguir o caminho espiritual. Antes eu nem queria saber de espiritualidade. Eu era totalmente material. Mas a vida, por meio das dificuldades que tive que encarar, colocou-me num caminho pelo qual sou muito grato hoje. Pois pude comprovar o meu crescimento desde então. Em todos os aspectos de minha vida.

E, mesmo sendo hoje uma pessoa de muita Fé, sou literalmente "atacado" pelos mais diversos problemas e situações que me fazem entrar até em certo estado de agonia. Mas, ao vencer cada batalha interna e externa, percebo dentro de mim mesmo o quanto cresci, aprendi e evoluí. E, é claro, após uma batalha dessas, vem a plena satisfação de mais uma Vitória! É um sentimento maravilhoso. A vitória conquistada com Fé, coragem, cabeça erguida e dignidade.

Lembre-se: tudo tem solução, tudo tem uma razão, tudo se resolve.

Acredite nisso. E, principalmente, não se esqueça sempre daquilo que impulsiona tudo: a AÇÃO!

Pequenos problemas fazem parte do dia a dia de qualquer um.

Veja, por exemplo, o caso de pessoas que sobreviveram ao ataque terrorista de 11 de Setembro. Foram pessoas que perderam a hora, que perderam o ônibus, que derrubaram café na calça antes de sair de casa, e tantas outras "coisinhas" que ocorreram com diversas pessoas. Coisas dignas de "xingos e palavrões", mas que a seu modo salvaram a vida de muita gente. Não é verdade?

Portanto, lembre-se: tudo tem uma razão de ser. Resta a nós lutarmos contra as adversidades, com a nossa força interna, que cada vez será maior e mais plena. E também com a força externa que recebemos diretamente de nosso Pai Celestial, também conhecido como Deus. Onipotente, Onipresente, Eterno, O TODO!

Peça a Deus que o ajude a sair de uma dificuldade. Ele irá atendê-lo. Saiba que tudo tem sua hora certa. Às vezes demora um pouco, mas com certeza a ajuda virá. Mesmo assim, não esqueça que suas ações impulsionam tudo.

Fé, Sabedoria e Ação: não me canso de dizer que esses três ingredientes são fundamentais para uma vida plena de realizações e vitórias.

Eu não tenho a intenção de "normalizar" o sofrimento, só tenho a dizer que essas etapas fazem parte de uma vida, vivida na plenitude de altos e baixos, de conquistas e de perdas, de alegrias e agonias (veja o Princípio do Ritmo do Estudo Hermético, O Caibalion). Essas condições fazem parte da vibração deste plano, e se algum fato que ocorre lhe causa desagrado, terá que lhe causar também o sentimento de luta e determinação. Vá em frente e conquiste a sua felicidade!

CAPÍTULO XLII

RADIESTESIA, A CIÊNCIA POR TRÁS DA MAGIA

Radiestesia nada mais é do que a comunicação do inconsciente para com o consciente, utilizando para isso instrumentos característicos como, por exemplo, o pêndulo (o mais utilizado hoje em dia).

E não existe nada de sobrenatural nisso. As pessoas que trabalham com radiestesia não têm superpoderes paranormais. Apenas adquiriram (à base de muito estudo, esforço e dedicação) um fluxo natural de comunicação entre o consciente e o inconsciente.

Com o pêndulo, essa pessoa transforma em efeitos físicos de movimento a mensagem não verbal característica das intuições passadas pelo inconsciente.

Explico: os movimentos do pêndulo são os tradutores da linguagem do inconsciente, que tudo vê e tudo sabe. Só não é capaz de verbalizar adequadamente. Ou melhor, nós é que não somos capazes de compreender adequadamente as nossas intuições. Por isso, precisamos do auxílio dos "tradutores".

A Radiestesia é uma ciência muito, muito antiga. Ao invés do pêndulo, usavam-se varinhas, forquilhas, bastões, entre outras coisas que poderiam servir de "tradutor". Existem relatos do uso desses materiais no antigo Egito, China e nos povos da América "pré-pré-pré"-Colombiana.

Se me lembro bem, já li a respeito de um Imperador Chinês que, com o uso de um certo instrumento, era capaz de descobrir jazidas minerais, fontes de água e descobrir o melhor solo e melhor época para o plantio. A partir de suas "medições", ele descobria solos onde fluía energia negativa que com certeza iria atrapalhar na colheita. E tudo isso há mais de 4.000 anos.

Podemos trabalhar a Radiestesia em duas frentes básicas:

1. A transcrição de nossas intuições;

2. O envio de energia benéfica a qualquer pessoa, localizada em qualquer ponto do planeta.

Em ambos os casos, geralmente usamos o "kit": pêndulo, gráficos radiônicos e testemunhos. Chamamos de "testemunho" aquilo que representará a pessoa tratada e que vibra em ressonância com ela. Pode ser uma foto, um objeto pertencente, um pouco do cabelo etc.

No primeiro caso (1), como já disse, nosso inconsciente, que tudo sabe e tudo vê, envia impulsos elétricos ao nosso consciente, que fará com que a mão que segura o pêndulo realize leves e quase imperceptíveis movimentos involuntários. Esses movimentos impulsionarão o pêndulo em direção à resposta correta. Para isso, o pêndulo pode estar sobre um gráfico radiônico com as mais variadas respostas (e apontará uma delas), ou simplesmente girar no sentido horário ou anti-horário dependendo da resposta.

Geralmente, o pêndulo girando no sentido horário significa:

- A resposta SIM;

- Fluxo de energia positiva no que está sendo medido.

Já no sentido anti-horário:

- A resposta NÃO;

- Fluxo de energia negativa no que está sendo medido.

Mas, dependendo do trabalhador, o condicionamento pode ser diferente.

No segundo caso (2), o trabalho é ativo e não simplesmente voltado à obtenção de respostas. Com a radiestesia, podemos enviar energias de proteção, cura, bem-estar, realização de um negócio, entre outras benfeitorias.

Geralmente, nesse tipo de trabalho, usamos:

- Um gráfico radiônico que possua uma simbologia peculiar ao que se deseja tratar;
- O testemunho que simboliza (e vibra em ressonância com) a pessoa tratada;
- Um cristal selecionado de acordo com a ocasião;
- A mensagem (aquilo que se quer alcançar, a descrição do objetivo do trabalho).

Nesse caso, além do trabalho no inconsciente e da intuição, usamos também as "energias de forma" características dos gráficos radiônicos, assim como a "ressonância de vibrações", para ativar o nosso trabalho e irradiar energia para onde for necessário.

Vou citar um exemplo fictício. Suponha que Maria irá fazer uma viagem longa. A mãe de Maria, que por sinal é radiestesista, quer que ela faça uma boa viagem e que esteja protegida fisicamente contra qualquer tipo de acidente ou agressão.

Ela irá pegar um gráfico Nove Círculos, colocar em cima dele a "mensagem" ("que Maria esteja protegida pelos 9 círculos contra qualquer tipo de acidente, agressão ou qualquer evento que a possa machucar"), logo em cima da mensagem colocará o testemunho (foto da Maria) e sobre tudo isso colocará um cristal específico para o trabalho.

Com o pêndulo, ela fará o procedimento que irá ativar radiestesicamente a vibração dessa montagem. Vibração essa que é lançada ao astral e que atingirá o alvo (Maria) devido à ressonância vibratória entre ela e o testemunho.

Não vou entrar em detalhes sobre os procedimentos de ativação da montagem, por motivo de segurança. Isso só pode ser feito por pessoas devidamente treinadas no uso da radiônica.

Repito: não é um dom sobrenatural, e sim o fruto de estudo, esforço, trabalho e dedicação.

Existem centenas de gráficos radiônicos. Alguns deles eu citei nos textos "Simbologia Mística e Esotérica", que você encontrará neste livro.

Se quiser saber mais e literalmente trabalhar nessa ciência que tanto nos ajuda, procure bons cursos em sua cidade. É uma experiência fantástica que eu realmente recomendo.

CAPÍTULO XLIII

EU SOU CONTRA A BLASFÊMIA[28]*

A seguir, transcrevo um trecho do texto "A favor da blasfêmia", escrito por um colunista, publicado na *Revista Veja* (2006, p. 85): "Na democracia temos o direito à blasfêmia. Temos o direito de criticar, negar, satirizar o profeta Maomé, Alá, Jesus Cristo, Shiva, Buda, Xangô, Jeová, Zeus e toda a imensa fileira de deuses e deusas que a humanidade criou e criará".

O texto citado foi escrito em razão da ação de grupos religiosos radicais, contra os autores de charges que satirizam o profeta Maomé, e que foram publicadas em um jornal dinamarquês à época.

Quero comentar algo a respeito. Realmente o colunista está certo em dizer que todos têm o direito a criticar e a negar as Divindades citadas. Porém, ele erra ao dizer que a democracia autoriza a SÁTIRA às Divindades, ou aquilo que grande parte da população mundial considera como sendo SAGRADO.

Eu já critiquei religiões e comportamentos "teoricamente religiosos", já neguei entidades espirituais, mas nunca desrespeitei ou fiz piadas com esse assunto que é tão sério.

Não tenho o direito de satirizar a Fé de ninguém, nem de fazer piadas a esse respeito.

Uma coisa que detesto e repudio são aquelas piadas que começam a surgir momentos após a morte trágica de alguma celebridade. Será que a pessoa que cria esse tipo de piada não entende a gravidade do ocorrido para a família do morto? Será que ele não consegue entender a tristeza que segue tal fato? No que ele vê graça? Será que essa pessoa gostaria que fizessem piadas a respeito da morte da mãe, ou de um filho dele?

---

[28] * Blasfemar = ofender, insultar aquilo que é Divino, Sagrado.

Bom, voltando ao texto sobre "blasfêmia", quem tiver acesso a ele poderá perceber que o autor quer justificar o desrespeito ao Sagrado usando o nome "democracia" como escudo às suas ideias. Ele está errado, pois o sentido verdadeiro de palavras como democracia e liberdade está intimamente ligado ao conceito de respeito ao próximo e aos seus ideais.

Sim, ele tem o direito de não acreditar, e isso não é nenhum demérito para a sua pessoa. Um de meus melhores amigos é ateu e isso não diminui o respeito, o carinho e a amizade que tenho para com esse grande amigo. Cada um na sua!

Mas, a partir do momento em que o tal colunista incentiva a blasfêmia contra o Cristo, a quem tanto respeito e admiro, vejo-me no direito de levantar minha voz e dizer: "NÃO, Sr. Colunista. Nem você, nem ninguém tem o direito de desrespeitar o meu Cristo, o meu Oxalá, o meu Guia Espiritual, o meu Deus".

Pessoas como esse colunista se acham superiores, donos de toda a razão e nos consideram como "pessoas loucas e ignorantes que acreditam em crendices populares, adorando e prestando graças à imensa fileira de deuses e deusas que a humanidade criou e criará". Outro erro grosseiro.

Ter Fé no Divino e na Sua Obra não é sinal de loucura, ou ignorância. É sinal de mente aberta, de sabedoria, de humildade, de vontade de viver e de trabalhar em prol de um mundo melhor e mais fraterno. Coisa que não pode ser vislumbrada por um simples materialista.

Antes de escrever cada texto, eu paro em uma breve meditação. E, nessa meditação, faço a Oração de São Francisco de Assis. Para que, com esses singelos textos, eu possa levar ao mundo um pouco de "paz, amor, perdão, união, fé, verdade, esperança, alegria e Luz". É um trabalho que me propus a fazer, em nome do meu Deus, do meu Cristo, do meu Sagrado. Não considero esse meu trabalho espiritual como um ato de ignorância ou loucura.

Portanto, Sr. Colunista, não satirize o que eu considero Sagrado. E não incentive outros a fazê-lo. Com certeza não vou achar a menor graça de suas piadas infames. Deixem o nosso Sagrado em Paz.

Deixo aqui o meu repúdio pacífico contra as palavras desse colunista. Deixo aqui o meu repúdio às ações de violência dos radicais que se veem no direito de matar e ferir, usando o nome de seu Deus como escudo às suas barbaridades.

Que possamos viver em um mundo de Paz e Respeito.

Agradeço.

CAPÍTULO XLIV

A ENERGIA VITAL QUE VIBRA NO UNIVERSO

Todos nós sabemos que existe uma energia vital que é irradiada a todo instante em nosso planeta. Uns chamam de "Prana Divino", ou simplesmente "Prana", outros chamam de "Energia Universal", outros de "Luz".

Na ficção do Universo de *Guerra nas Estrelas*, George Lucas chamou essa energia de "A Força". Independentemente do nome que damos a ela, essa energia existe, está entre nós e nos banha com sua Luz a todo instante de nossas vidas. O texto "A Lei do Rádio" fala um pouco sobre como devemos estar sempre "antenados" nessa energia.

Porém, temos de levar em conta uma simples lei física: *uma energia não se cria sem uma fonte irradiante.* Então vamos pensar a respeito...

Uma energia não pode ser criada assim "do nada", ela necessariamente tem que ter uma FONTE, ou seja: algo, alguém, ou Alguém teve que irradiar essa energia para que ela pudesse existir. Daqui por diante, vou chamar essa energia de "Luz" (A Luz que dá o nome a este livro).

A Luz é uma energia que está em todos os lugares. É uma energia inconsciente, mas que é irradiada a nosso planeta incessantemente, por Alguém que é Consciente, Onipresente, Onipotente etc. Costumamos chamar esse Alguém de Deus. Nos Ensinamentos Herméticos, ele é chamado de O Todo, o Incognoscível.

Sendo assim, podemos afirmar com toda a certeza que Deus Existe. Pois, se a ciência diz que toda energia precisa ser gerada por uma fonte, então A Luz (energia inconsciente) é gerada por Deus (consciente). De onde mais poderia vir A Luz, O Prana, A Energia? Essa energia vem de uma Fonte Consciente, vem de Deus.

Vale ressaltar que tanto o mundo material quanto o espiritual têm que obedecer às Leis Físicas do Universo. Portanto, uma dessas Leis, como já mencionei, é que "Nada se Cria, tudo se Transforma". A Mente do Todo emite a Luz que já existe em Sua Essência (vide o Princípio do Mentalismo dos Estudos Herméticos, O Caibalion).

Creio que seria interessante mencionar também que não existe "uma parede" entre o Mundo Material e o Mundo Espiritual. A diferença está apenas na Vibração, na Frequência em que cada um desses Mundos vibra. O Plano Material com as frequências mais baixas, o Plano Espiritual com as frequências mais altas. Quanto mais alta a frequência, mais alto o ponto de evolução daquele plano. E é essa Luz que O Todo irradia para nosso Mundo em elevada frequência, que se adéqua a cada um de nós. Basta que nós conscientemente a percebamos e a sintonizemos.

Que me perdoem os céticos, mas Deus fisicamente existe. E nos ilumina a cada instante com sua Luz!

"Sob, e por trás do Universo, do Tempo, do Espaço e da Mudança, sempre se haverá de encontrar a Realidade Substancial — a Verdade Fundamental" (O Caibalion).

CAPÍTULO XLV

O TRABALHO CHAMADO "A LUZ DA LUZ"

Mas, como surgiu o "a luz d'A Luz"?

Surgiu de uma necessidade de transmissão de ideias.

Explico. Uns anos atrás, durante uma consulta a uma taróloga de confiança que ainda atende em São Paulo, ela me disse: "Em uma de suas vidas passadas, você foi uma pessoa de grande conhecimento, porém, foi também uma pessoa egoísta que não compartilhou o conhecimento que você tinha com ninguém. Você morreu e suas ideias e pensamentos morreram com você. Por isso, tudo aquilo que você sabia simplesmente desapareceu e não serviu pra nada, pois absolutamente ninguém foi beneficiado".

Isso foi dito em uma época em que eu estava iniciando os meus trabalhos espirituais e tudo o que me era dito nesse sentido tinha um grande impacto em mim. Pois bem, segui meu caminho, mudei para Curitiba e muita água passou por debaixo da ponte nesses anos todos.

Comecei a escrever, a escrever, e guardar o que havia escrito. Tinha ideias, fazia pesquisas, recebia mensagens. Eu escrevia e guardava em folhas de papel, todas as minhas ideias e pensamentos.

Até que um dia eu tive um sonho. Sonhei exatamente com aquela leitura de Tarot.

Quando acordei, a primeira coisa que me veio à cabeça foi a total ciência de que não sou grande conhecedor de nada. Olhei para os papéis e vi que tinha uns sete ou oito textos, muito mal escritos e cujas ideias eram totalmente questionáveis. Mas, lendo com mais cuidado, pude perceber que talvez aquilo que tinha em mãos pudesse ajudar alguém no sentido de despertar para a reflexão.

E desse pensamento veio o objetivo deste meu trabalho: despertar para a reflexão, a partir do autoconhecimento de cada um!

Mesmo porque, em matéria de conhecimento efetivo, eu estou apenas no meio do caminho com dedicação. Talvez aquele ancião egoísta que já fui um dia tivesse muito conhecimento, mas para chegar a esse ponto tenho ainda muito que aprender.

Então, fica mais fácil tentar despertar o conhecimento inerente a cada ser, transmitindo ideias básicas a respeito de vários assuntos que se referem à vida espiritual.

E nesse trabalho, persegui esse objetivo. Nesse trabalho, trato de temas bastante interessantes, os quais gostaria de salientar:

- Destino;
- Sintonia Divina;
- O poder da oração;
- Vida Espiritual;
- Cristais;
- Evolução;
- Exus;
- Encosto espiritual;
- Encosto encarnado;
- Vidas Passadas;
- Intuição;
- Símbolos Esotéricos;
- Chakras;
- A Nova Era;
- Cura.

Entre tantos outros assuntos, sempre relacionados à Fé, a Deus, a Jesus e aos Seres de Luz.

Pois bem, resumidamente falando, essa foi a ideia que concebeu o "a luz d'A Luz".

Estou plenamente satisfeito com este trabalho, mas, acima de tudo, agradecido a todas as pessoas que fazem parte deste livro. A todos os que leem, todos os que comentam, a todos os que sugerem, a todos os que questionam e discordam, a todos os que pedem mais detalhes, a todos os que refletem sobre aquilo que acabaram de ler.

São os leitores que fazem valer meu trabalho.

Sou grato a Deus, que a seu modo me mostrou esse caminho.

Muito obrigado a TODOS!!

CAPÍTULO XLVI

SALMOS

Os Salmos para cada mês do ano.

Salmos são orações extremamente poderosas que geram uma energia intensa. A Bíblia contém 150 Salmos, cada qual com uma finalidade específica. São dedicados ao Rei Davi. A seguir você terá o Salmos adequado para orar ao primeiro dia de cada mês, para que ele seja coroado de êxito.

JANEIRO - Salmos 121

FEVEREIRO - Salmos 27

MARÇO - Salmos 62

ABRIL - Salmos 103

MAIO - Salmos 92

JUNHO - Salmos 5

JULHO - Salmos 30

AGOSTO - Salmos 118

SETEMBRO - Salmos 125

OUTUBRO - Salmos 100

NOVEMBRO - Salmos 111

DEZEMBRO - Salmos 138

E, no dia do seu aniversário, ore o Salmos 33.

CAPÍTULO XLVII

AS PRINCIPAIS DATAS COMEMORATIVAS ESPIRITUAIS

Ano Novo – 1º de janeiro:

§ Sempre que algo novo estiver iniciando em sua vida, recite a oração a seguir. Seja um novo emprego, um novo estudo, uma viagem, ou até um ANO NOVO:

"Senhor: ao iniciar esta nova jornada, eu peço a tua proteção;

volta teus olhos para o caminho que ora vou trilhar; estendendo a tua proteção sobre todos os meus passos;

ilumina minha estrada... pois sempre que estás comigo sou forte e capaz de suportar as lições que me destinas;

orienta as decisões que deverei tomar; acompanha-me e certifica-me de que estarei indo ao encontro das minhas melhores opções;

faz com que minha jornada tenha sucesso, Senhor;

livra-me dos perigos, dos acidentes... e de qualquer situação que possa me impedir de construir a minha felicidade;

governa as minhas ações... e o comportamento daqueles que podem influenciar o meu destino;

dirige a tua luz divina para este filho... que ora com fé e amor;

e é motivado pela tua luz divina, tua paz e tua sabedoria. Que assim seja para sempre."

Quarta-Feira de Cinzas – fev/mar

Quarta-Feira de Cinzas, inicia o período da Quaresma.

Esse período dura 40 dias, e encerra-se no Domingo de Ramos, para celebrar a Páscoa.

As religiões têm diversos modos de vivenciar esse período. Uns relatam que é um período obscuro, em que todo cuidado é pouco, devidos às baixas energias que se manifestam nessa época. Outros relatam que é um tempo de Luz, pois todos estão buscando uma proximidade maior junto ao Cristo.

Mas, a essência de tudo, o caminho que leva ao Todo, é um só. Portanto, encare como um período de maior intensidade nas orações, na prestação da caridade, na intensificação da Fé de cada um, e na proximidade com o Cristo. São 40 dias para buscar a Luz Maior que existe no Universo e dentro de você mesmo. E que suas atitudes, pensamentos e vibrações ocorridos nesses 40 dias especiais reflitam no decorrer do restante do ano, e de sua vida.

Então, lembre-se: Oração, Caridade e Fé — que devem estar presentes em cada minuto de sua existência, mas que, no período da Quaresma, terão um significado potencializado. Aproveite!

Para a Páscoa

Sexta-Feira Santa

Saulo: Perseguidor de Cristãos; Paulo: Mensageiro de Cristo.

O homem é o mesmo, mas a mudança de uma letra de seu nome, e uma mudança profunda em seu Ser, foi preponderante para uma nova e absoluta forma de vida. E essa mudança começou com uma visão do Mestre. Por isso, esteja atento aos sinais que a Vida lhe dá. Grandes mudanças ocorrem internamente, mas podem ser causadas por influências externas.

Boa Páscoa!

Sábado de Aleluia

Por que Jesus dobrou o lenço?

Por que Jesus dobrou o lenço que cobria a sua cabeça no sepulcro depois de sua ressurreição?

Em João 20:7, nos é dito que o lenço que fora colocado sobre a face de Jesus não foi apenas deixado de lado, como os lençóis no túmulo.

Ele cuidadosamente dobrou esse lenço e o deixou sobre a cabeceira do túmulo de pedra.

Para entender a significância do lenço dobrado, faz-se necessário que entendamos um pouco a respeito da tradição hebraica da época.

Quando um servo colocava a mesa de jantar para o seu senhor, ele o fazia com total esmero.

Quando o senhor deixava a mesa, deixando o lenço embolado sobre ela, ele queria dizer: eu terminei! Dessa forma o servo poderia retirar a mesa.

Porém, quando o senhor deixava a mesa, deixando o lenço dobrado sobre ela, ele queria dizer: eu não terminei, EU VOLTAREI!

Que delicadeza esse gesto de Jesus! Na palavra de Deus, não tem nada sem sentido e significado.

O ato de Jesus ao dobrar o lenço era um claro sinal, para a gente daquela época e de todas as épocas, de que o Mestre havia ressuscitado e voltaria a estar com seus discípulos, posto que sua tarefa junto a eles (e a todos nós) terá sempre uma clara continuidade.

Ele Voltará!!

Domingo de Páscoa

Nesse dia, comemoramos a ressurreição de Jesus Cristo.

Após o seu "renascimento", Ele apareceu diversas vezes para seus apóstolos, para passar mensagens e ensinamentos finais, antes de sua subida definitiva aos céus, junto a Deus Pai. E foi com esses ensinamentos que os apóstolos levaram seu trabalho adiante, fazendo com que a mensagem de Cristo conquistasse milhões de fiéis em todo o mundo, até os tempos presentes e nos tempos futuros.

Para comemorar a ressurreição de Jesus, faça, em um momento apropriado, a oração do Credo, dirigida a Nosso Mestre:

Creio em Deus Pai Todo-Poderoso, criador do céu e da terra.
E em Jesus Cristo, seu único Filho Nosso Senhor,
que foi concebido pelo poder do Espírito Santo,
nasceu da Virgem Maria, padeceu sob Pôncio Pilatos,
foi crucificado, morto e sepultado, desceu à mansão dos mortos,
ressuscitou ao terceiro dia, subiu aos Céus,
está sentado à direita de Deus Pai todo-poderoso,
donde há de vir a julgar os vivos e mortos.
Creio no Espírito Santo, na Santa Igreja Católica, na comunhão dos santos,
na remissão dos pecados, na ressurreição da carne, na vida eterna. Amém.

Feliz Páscoa a todos.

Corpus Christi

Esse é dia de Corpus Christi, que significa "Corpo de Cristo". É uma festa religiosa da Igreja Católica que tem por objetivo celebrar o mistério da eucaristia, o sacramento do corpo e do sangue de Jesus Cristo.

O dia de Corpus Christi acontece sempre 60 dias depois do Domingo de Páscoa ou na quinta-feira seguinte ao domingo da Santíssima Trindade, em alusão à Quinta-Feira Santa, quando Jesus instituiu o sacramento da eucaristia.

A festa do Corpus Christi foi instituída pelo Papa Urbano IV no dia 8 de setembro de 1264 e é celebrada até hoje pelos devotos de nosso Mestre Jesus.

Viva o Corpo e o Sangue de Jesus Cristo! Amém!

Dia de São João – 24 de junho

Hoje é dia de São João! Trata-se, na Igreja Católica, de São João Batista, que foi o precursor do Cristianismo, ao anunciar a vinda do Messias. João Batista era primo de Jesus por parte de mãe e foi quem batizou Jesus no Rio Jordão, evento que deu início ao período de pregação do Divino Mestre. No sincretismo com a Umbanda, João Batista é uma representação de Xangô. E Viva São João!

Aniversário de Jesus – 21 de agosto

De acordo com o livro *Operação Cavalo de Troia*, de J. J. Benitez, Jesus Cristo nasceu verdadeiramente no dia 21 de agosto do ano 6 a.C.

O autor buscou essa informação por meio de inúmeras pesquisas, inclusive do diário que ele usou como fonte para publicar esses livros. Um dos pontos-chave dessa observação é que Jesus nasceu durante o reinado de Herodes, que governou a Judeia entre os anos 37 a.C. e 4 a.C. e que já não reinava mais no ano 1 d.C.

Para quem quer conhecer a Vida e Obra de Jesus, de uma forma mais detalhada, indico essa leitura.

Assim sendo, eu comemoro nessa data o NATAL! Feliz Natal, sem Papai Noel, mas com Cristo no Coração.

São Francisco de Assis – 4 de outubro

A mais bela Oração.

Dia 4 de outubro, comemoramos o Dia Mundial da Natureza e dos Animais.

Devido a essa comemoração, São Francisco foi muito lembrado e homenageado nesse dia, pois ele é o Protetor dos Animais.

E a mais bela Oração de todas é dedicada a São Francisco. Eu acho que todo trabalho espiritual tem que ser finalizado com a Oração de São de Francisco, pois grande parte de nossas orações é para pedir, e consequentemente agradecer... mas e o ato de SERVIR? Veja a oração como é linda e verdadeira:

"Senhor, fazei-me instrumento de vossa paz.

Onde houver ódio, que eu leve o amor;

Onde houver ofensa, que eu leve o perdão;

Onde houver discórdia, que eu leve a união;

Onde houver dúvida, que eu leve a fé;

Onde houver erro, que eu leve a verdade;
Onde houver desespero, que eu leve a esperança;
Onde houver tristeza, que eu leve a alegria;
Onde houver trevas, que eu leve a luz.

Ó Mestre, Fazei que eu procure mais
Consolar, que ser consolado;
compreender, que ser compreendido;
amar, que ser amado.
Pois é dando que se recebe,
é perdoando que se é perdoado,
e é morrendo que se vive para a vida eterna."

São Francisco de Assis — Feliz dia dos nossos amados animais!

Dia de Nossa Senhora – 12 de outubro

Esse é um dia muito especial. Além de ser o Dia das Crianças, é também o Dia de Nossa Senhora Aparecida.

Vamos celebrar esse dia, da Mãe Maria e de seu Filho, o Menino Jesus, com esta oração:

Ave Maria, cheia de Graça
O Senhor é convosco
Bendita sois vós entre as mulheres
Bendito é o fruto de vosso ventre, Jesus
Santa Maria, mãe de Deus
Rogai por nós pecadores
Agora e na hora de nossa morte
Amém.

Feliz dia 12 de outubro a todos!

Dia das Bruxas – 31 de outubro

Dia 31 de outubro é o dia de Halloween. Essa data é comemorada em países de Língua Inglesa, principalmente, nos Estados Unidos e na Irlanda. Mas está gradativamente se inserindo à Cultura Brasileira, devido principalmente ao Cinema e às séries de TV que divulgam amplamente essa festa.

O dia de Halloween tem origem nos Celtas que habitavam a hoje conhecida Irlanda. Na noite de 31 de outubro, os Druidas Celtas comemoravam a noite que antecede o "Dia dos Mortos", como sendo uma noite propícia a trabalhos de magia, por ter "uma energia maior pairando no ar", vinda do mundo dos mortos, segundo a lenda.

Uma teoria diz que o nome Halloween vem de "hallowinas", nome dado naquela cultura às Guardiãs Femininas do Ocultismo.

Talvez por isso o termo "Dia das Bruxas" tornou-se popular, pelo menos nos países de Língua Portuguesa, já que esse termo não é utilizado por países de Língua Inglesa. Happy Halloween!

Finados – 2 de novembro

Esse é o dia de Finados, um dia especial para homenagear aqueles seres amados que já partiram para o Mundo Espiritual.

Em uma forma de prestar essa homenagem e enviar a eles uma Luz maior, devemos orar a eles uma (ou mais) "Ave Maria".

Na época atual, a nossa Mãe Maria é um Ser de Luz, responsável por uma equipe de trabalhadores que ajudam as pessoas em processo de desencarne a encontrarem o caminho correto da Luz, da vida plena após a morte, do bom trabalho espiritual. Veja:

"Santa Maria, Mãe de Deus,
Rogai por nós pecadores,
Agora e na hora de nossa morte,
Amém".

Aos que já partiram, muita Luz e Paz em sua jornada através da existência Divina.

Portal 11/11 – 11 de novembro

Caros Amigos, essa é uma data muito especial. O dia 11/11.

Esse Portal é representado nos horários 11:11, assim como a data de 11/11, quando é mais intensa a comunicação Material/Espiritual, uma onda de Despertar, em que reconhecemos a Unicidade com o Divino Universo.

Depois de muitos anos de análises e estudos, foi constatado sobre o 11/11:

- Ele representa um despertar espiritual para a humanidade;
- É o chamado para a Realidade Maior;
- Uma fenda para outro mundo;
- Ativação de uma magia espiritual que estava adormecida.

Por isso, aproveitem a Energia peculiar que banha o Planeta nesta data: Sintonize, Una, Vibre, Ore, Deseje de Coração.

Natal – 25 de dezembro

Nesse dia especial, vamos esquecer um pouco essa estória de Papai Noel. O verdadeiro significado do Natal é o nascimento de Jesus Cristo (segundo a tradição católica). Por isso reserve um tempo do seu dia para orar ao Divino Mestre Jesus, agradecendo e louvando a Ele, que é a entidade de maior Luz que vibra pelo nosso Mundo. Reze ao menos um Pai Nosso, que foi a oração que o nosso Mestre nos ensinou, durante o Sermão da Montanha.

Feliz Aniversário, Jesus, e um Feliz Natal a todos os amigos. Paz e Luz.

Final de Ano – 31 de dezembro

Mensagem 1

E se, em vez de você esperar pelo Novo Ano, o Novo Ano esperasse por você? Em vez de "este ano vai ser melhor", use: "eu serei melhor neste ano!".

Em vez de "que este seja um ano excelente", use: "eu serei uma pessoa excelente neste ano!".

Em vez de "o que este ano me reserva?", use: "o que eu reservo para este ano?".

Em vez de "tomara que este ano me traga...", o que é que você pretende levar, entregar, oferecer ao Novo Ano?

Tudo começa por nós mesmos!

Não adianta ficar esperando os outros.

Tenho como mantra um trecho do poema de William Shakespeare: "plante seu jardim e decore sua alma, ao invés de esperar que lhe tragam flores"!

Te desejo um ótimo VOCÊ para o Novo Ano!

Mensagem 2

Lembre-se: não é a cor da sua roupa que determina o seu sucesso no Ano Novo. É a cor e a intensidade da sua AURA, que transmitirá ao Universo suas reais intenções e anseios. Orai e Vigiai. Vibre em sintonia com a Providência Divina que sabe o que lhe é o Melhor em todos os aspectos. Feliz Ano Novo!!

Mensagem 3

O ano está terminando. Se você estiver em casa no momento da "passagem do ano", faça o seguinte:

Deixe todas as janelas abertas e todas as luzes acesas. No momento da passagem do ano, existe um sentimento fraterno muito grande, pois muitas pessoas que se amam estão juntas, desejando-se um "Feliz Ano Novo". E, se não estão juntas, estão pensando na pessoa distante, com muito amor e carinho. Toda essa energia benéfica estará presente no ar, na ocasião da virada do ano. É um dos raros momentos do ano em que quase todos estão emitindo vibrações positivas simultaneamente, formando praticamente uma egrégora emissora de amor e bons sentimentos.

Deixe essa vibração entrar na sua casa, deixando as janelas e se possível as portas abertas. E deixe também todas as luzes acesas, por pelo menos 9 minutos após a meia-noite. Passado esse tempo, se quiser mantenha as janelas abertas, mas já pode apagar as luzes. Economizar energia é importante! FELIZ ANO NOVO!!

CAPÍTULO XLVIII

DICAS SIMPLES, CURTAS E ALEATÓRIAS SOBRE O SEU UNIVERSO[29]

§

Não temas o futuro. Se tua causa é nobre, Deus há de abençoar a tua luta e o teu caminho. Coisas boas sempre dão um jeito de amanhecer na vida de quem tem um coração cheio de Fé e Coragem!

§

Na Escola, primeiro te ensinam uma lição, depois aplicam uma prova. Na Vida, primeiro te aplicam uma prova e depois você aprende a lição.

§

"Tudo o que o homem ignora não existe para ele. Portanto, o Universo de cada um se resume ao tamanho do seu Saber" (Albert Einstein)

Agora vamos refletir um pouco. O Universo, seja na forma Física ou Astral, está em franca expansão, levando a crer que é Infinito. Assim como o nosso Conhecimento, que só é limitado pela nossa Força de Vontade. Possuímos nesse campo três vertentes: Inteligência, Conhecimento e Sabedoria. Apesar de aparentemente estarem coligadas, são vertentes muito distintas. Quem é inteligente pode não ter conhecimento. Quem tem conhecimento pode não ter sabedoria e assim se segue em dezenas de possibilidades. Para que você evolua nesses três princípios, use a regra do equilíbrio: aprimore sua Inteligência, enriqueça seu Conhecimento,

---

[29] As dicas a seguir são explicadas na íntegra no canal do YouTube: www.youtube.com/c/aluzdaluz.

pratique ações com Sabedoria. Assim você chegará àquilo que Einstein se referiu com muita propriedade: a Expansão de seu Universo!

§

"Quando a gente acha que encontrou todas as respostas, vem a Vida e muda as perguntas" (Luis Fernando Veríssimo)

Pois bem, vamos analisar.

Primeiramente, estamos muito longe de encontrar todas as respostas, pois o conhecimento do Universo (que envolve também o nosso autoconhecimento) é tão extenso, que não encontramos nem um milésimo de seus mistérios. Apesar de toda a evolução da nossa ciência.

Em segundo, a Vida sempre vai mudar as perguntas. A Vida é formada por ciclos, ritmos e tudo a todo instante pode mudar. Pesquise sobre o Princípio do Ritmo, do conhecimento Hermético. A Vida vem em ondas. Mas você tem a plena condição de se manter sempre em uma Maré Alta. Com atitude e vibração, em perfeito equilíbrio. Não se deixe abater e mantenha a Fé incondicional.

§

A Sabedoria é inata, pois a trazemos de outras vidas, em nossa própria Essência. E ela "repousa" em nosso subconsciente, até que a despertemos e a alimentemos com conhecimento e experiências adquiridas em nossa vida atual. E é a sabedoria que iremos levar para vidas futuras. Todo esse conjunto é fundamental para alcançarmos o que chamamos de Evolução.

§

Um detalhe interessante sobre o famoso Salmos 91: o Salmos 91 também ajuda na proteção à violência e agressões físicas.

Veja: "Não temerás espanto noturno, nem seta que voe de dia, nem peste que ande na escuridão, nem mortandade que assole ao meio-dia. Mil cairão ao teu lado e dez mil a tua direita, mas tu não serás atingido" (91;5,7).

Na época em que foi escrito, não existiam armas de fogo, mas, sim, armas como lanças e flechas, as tais "setas que voam de dia", que nos dias de hoje podemos substituir por outros tipos de armas ou métodos de violência, infelizmente tão corriqueiros. Esse Salmos ajuda a proteger contra essas agressões físicas. Saliento que ajuda, mas mesmo assim todos os cuidados devem ser tomados para evitar esse tipo de situação, certo? ORAI E VIGIAI!

§

Pois bem, vou publicar agora um textão. Portanto, quem quiser aprender um pouco de História Cristã e como desatar alguns nós de sua Vida, peço que tire alguns minutos para ler esta mensagem. Vou comentar a respeito do Imperador Constantino, que instituiu o Cristianismo como religião oficial do Império Romano. Vou citar o sinal da Santa Cruz, que traz um efeito maravilhoso na concretização de nossos anseios. Já vou explicar.

Na noite anterior a uma batalha para que Constantino pudesse ser restabelecido como o Imperador de Roma, ele sonhou com uma Cruz nos Céus, e ele interpretou que aquele símbolo o levaria à Vitória e ao restabelecimento do trono no Império Romano. Assim sendo, ele ordenou que todos os escudos de seus soldados fossem pintados com uma Cruz. E, dessa forma, a legião de Constantino saiu vitoriosa de sua batalha e ele restabeleceu o trono de Roma. Isso não foi um mero acaso, pois uma de suas primeiras providências foi estabelecer o Cristianismo como a religião oficial do Império Romano e a partir daí todos nós sabemos o que se tornou o Cristianismo em nosso mundo. Isso ocorreu se não me engano por volta do ano 310 depois de Cristo. Eu quero então fazer uma analogia do sonho de Constantino a uma providência que você mesmo pode tomar, utilizando o Sinal da Cruz em benefício de seus anseios, desejos e na solução dos mais diversos problemas.

Assim como Constantino pintou a cruz em todos os escudos, você também pode fazer o mesmo da seguinte forma: se não tem como conseguir uma água benta na igreja mais próxima, faça você mesmo a sua água benta. Coloque um pouco de água mineral em um pequeno frasco de vidro, imponha as suas mãos sobre ele e diga quantas vezes você julgar necessário a seguinte frase: "Eu sou a Ressurreição e a Vida da transmutação desta água para a água abençoada por Deus".

A partir daí, em tudo que você quiser abençoar de alguma forma, faça como Constantino. Com essa água em seus dedos, "pinte" uma Cruz no ponto onde você quer uma solução. Pode ser em um boleto vencido, pode ser em um relatório da empresa, um trabalho de escola, pode ser na entrada da sua casa, onde você acreditar que você está precisando de uma vitória, tal qual aconteceu com Constantino.

Essa Cruz é a mesma Cruz de Cristo que levou Constantino à vitória e à implantação definitiva do Cristianismo em nosso mundo. É a mesma Cruz que vai desatar os nós de sua Vida, abençoar a sua Vida e trazer proteção e concretização na realização de seus anseios.

Lembre-se desta frase, invoque-a e veja a semelhança com a situação de Constantino: "Pelo sinal da Santa Cruz, livrai-nos, Deus Nosso Senhor, dos nossos inimigos". Entendeu?

Espero ter ajudado de alguma forma mesmo falando tão resumidamente de um assunto tão complexo e importante. Faça uso desse benefício, lembrando que o sucesso vem do equilíbrio "físico x astral". Boa Sorte!

§

Nosso corpo não seria completo se ele fosse apenas "físico". Seríamos apenas "zumbis" sem alma, sem essência, sem sonhos, nem ambições. Seríamos apenas indivíduos formados por átomos, cuja vida está baseada no elemento Carbono.

Repito a seguir uma das frases que mais faz sentido para aqueles que creem no "algo a mais": "É difícil aceitar pura e simplesmente a hipótese de que tudo aquilo que determina a essência do ser humano — suas alegrias, suas tristezas, suas memórias e suas ambições — se resume ao mero comportamento de um amontoado de neurônios" (Francis Crick, o cientista britânico que descobriu o DNA em seu livro: *A busca científica da alma, p. 78*).

§

O conceito de certo ou errado pode ser relativo. O que é errado para mim pode ser o certo para você, e vice-versa. Mas tem um método para se acabar com esse dilema. Quando você estiver em dúvida se uma atitude é certa ou errada, imagine o Mestre Jesus praticando tal ato. Aí você encontrará sua efetiva resposta.

§

Leia o Mantra a seguir, e perceba nessas palavras onde efetivamente ele poderá ajudá-lo:

"Nosso Senhor Jesus, ilumine meu Anjo fiel, para que ele me proteja e afaste tudo aquilo que possa me prejudicar. Com sua Luz Infinita, me proteja contra todos os males que desejam me alcançar, e os encaminhem aos Guardiões da Luz, para que sejam levados ao Plano Superior e jamais voltem a atacar quem quer que seja. Em ti confio com a Fé de meu coração, Amém".

Sim, esse Mantra o ajudará a afastar seres indesejáveis, levando-os a um plano em que não poderão mais prejudicar ninguém. Confie.

§

Quando você for fazer uma prova, ou um trabalho que requer muita dedicação, banhe-se mentalmente na Luz Dourada. Isso vai ajudar muito na concretização dos seus objetivos, por meio da ação e sabedoria inerentes aos que estão portando as energias desse Raio. A Luz Dourada é o Segundo Raio da Fraternidade Branca, dirigido pelo Mestre Confúcio.

"Devo ter decidido errado, porque não estou em Paz. Tomei a decisão por mim mesmo, mas posso também decidir de outra forma. Quero decidir de outra forma, porque quero estar em Paz. Não me sinto culpado, porque o Espírito Santo vai desfazer todas as consequências da minha decisão errada, se eu Lhe permitir. E escolho permitir-Lhe, deixando que Ele decida a favor de Deus por mim" (trecho retirado do livro *Um curso em milagres* (SCHUCMAN, 1999, p. 96)).

§

Leiam a frase a seguir e reflitam sobre ela, expandindo vossas mentes, e fazendo essa energia chegar a todos os cantos do Mundo. Vamos criar uma egrégora com este pensamento positivo.

"Eu sou Espírito, um Filho Santo de Deus, livre de todos os limites, seguro, curado e íntegro, livre para perdoar e livre para salvar o Mundo." Essa mensagem foi tirada da lição 97, do livro *Um curso em milagres* (SCHUCMAN, 1999, p. 183). Grato!

§

Querido Humano: você entendeu tudo errado. Você não veio ao planeta Terra para dominar e praticar o amor incondicional. Esse amor é de onde você veio e para onde você vai voltar um dia. Você veio aqui para aprender o amor pessoal, confuso, suado, louco e quebrado, infundido com a Divindade e com o Todo. Você está aqui para viver a graça dos tropeços, demonstrados pela beleza da bagunça, que no fim das contas sempre será organizada da melhor forma, para seu crescimento. Você não veio aqui para ser perfeito. Você já é perfeito!!!

Quanto mais você quer ser perfeito, menos você será humano, e a ironia da situação está exatamente nisso. Você veio aqui apenas para ser maravilhosamente humano. Falho e fabuloso. Por vezes Mestre, por vezes Discípulo. Para então subir novamente e se lembrar de quem você é, e nesse momento você já não precisará mais estar aqui, pois estará de volta à sua casa, às estrelas, ao amor incondicional. Desconheço o autor.

§

Um sonho pode ser também uma viagem astral. Quando dormimos, nosso espírito se afasta do corpo, cumprindo sua missão de trabalhar e aprender. Algumas coisas que sonhamos são vivências de nosso espírito. O "problema" é que quando acordamos lembramos de menos de 10% de nossos sonhos e, consequentemente, de algumas experiências por que nosso espírito passou. Mas isso tem um propósito, determinado pelas Forças Superiores. Não lembramos conscientemente, mas, em nosso inconsciente, tudo isso está gravado e virá à tona em um momento oportuno... nesta vida, ou na próxima. Realmente, os sonhos são um grande mistério, mas que desempenham sua função em nossas existências.

§

Se você olhar para um relógio e ele estiver marcando o horário 11:11, tanto faz se da manhã ou da noite, tente parar o que estiver fazendo. Pare tudo, concentre-se e peça algo de bom para você, ou para alguém. Peça paz, harmonia, proteção, alegrias, felicidades, peça o que quiser. Nesse horário, a região "atingida" passa por um portal, cuja energia predominante é a da materialização de "energias-pensamento". Esse fenômeno dura 7 minutos. Aproveite!

§

Reflexão sobre Superação: a palavra Superação é composta por "Super" e "Ação". Então nós podemos concluir que, para a gente se superar e superar situações adversas, temos de praticar ações que ultrapassem o "normal". Lembre-se que uma ação não necessariamente é apenas material, mas, sim, equilíbrio e sinergia entre Material e Astral. Pense a respeito.

§

Respirar corretamente acalma! Se você estiver meio nervoso com alguma situação, existe um método de respiração que irá acalmá-lo. Faça o seguinte: obstrua a narina direita, inspirando pela esquerda. Segure a respiração. Agora feche a esquerda e expire pela direita. Inspire pelo mesmo lado que acabou de expirar. Repita a operação várias vezes, por pelo menos 3 minutos. Com certeza você se acalmará.

§

Conforme já informei neste livro, já estamos vivendo na Nova Era, na Era de Aquário. Quer entrar em sintonia com a vibração da Nova Era? Então comece praticando as seguintes atitudes:

- Ame e respeite o mundo em que você vive;

- Ame e respeite a todos os seres vivos que convivem com você neste mundo;

- Dê o melhor de si em tudo o que fizer, seja no seu trabalho, na sua casa, no lazer, onde estiver;

- Faça as coisas de modo correto e sábio, levando em consideração o seu bem-estar e o das pessoas que serão influenciadas pelas suas atitudes;

- Mantenha o perfeito equilíbrio e sinergia entre a razão e a emoção;

- Antes de tudo, creia em você. Você pode, você é capaz;

- Creia em uma Força Superior, ligue-se a ela e aproveite toda a sensação de paz, amor, felicidade, além de todo o conhecimento que ela pode te passar a respeito da VIDA;

- Creia, sim, mas com o pé no chão, sabedoria e consciência.

§

Às vezes, procuramos respostas em locais distantes e de difícil acesso. Experimente procurar suas respostas dentro de você mesmo; geralmente são de difícil acesso, mas pelo menos é bastante perto!

§

"A Luz deve ser dada em gotas, gotas de Luz que com o tempo dissipam toda e qualquer treva, num trabalho edificante de Amor, Paciência e Fé. As 'trevas' estão dentro de vós. Foram formadas e criaram vida através de vossos pensamentos, palavras e ações no decorrer de vossas encarnações." Mensagem do Mestre El Morya, da Grande Fraternidade Branca.

§

Algumas plantas e ervas têm a propriedade de afastar energias negativas. As principais são: arruda, guiné, espada-de-São-Jorge, alecrim, comigo--ninguém-pode, manjericão e pimenteira. Essas fazem parte do tradicional grupo das Sete Ervas. A combinação dessas sete tem uma grande força para espantar tudo quanto é coisa ruim! É interessante ter um vasinho desses, na entrada da casa. A alfazema também tem esse "dom". E o alho também, em menor proporção.

§

Eu gostaria de compartilhar este pensamento de Deepak Chopra. A formação de nossos corpos físicos e etéreos vai muito além da simples alimentação. Somos orientados pelo "equilíbrio" e uma boa condição mental (paz, alegria, amor) também será preponderante para a boa manutenção de nossa matéria. Vigie seus pensamentos, você consegue!

"Somos as únicas criaturas na face da terra capazes de mudar nossa biologia pelo que pensamos e sentimos! Nossas células estão constantemente bisbilhotando nossos pensamentos e sendo modificadas por eles. Um surto de agonia pode arrasar seu sistema imunológico; apaixonar-se, ao contrário, pode fortificá-lo tremendamente." (Deepak Chopra – Livro Saúde Perfeita, p. 136, 1991).

§

Quando estiver sentido uma agonia, uma angústia, um pensamento sobre algum fato que o esteja incomodando, leia estas palavras, retiradas do livro *Um Curso em Milagres*: "Não vamos guardar pesadelos, pois são oferendas impróprias para Cristo e, portanto, são dádivas impróprias para ti. Tira as cobertas e olha para o que temes. Só a antecipação te amedrontará, pois a realidade do que não existe não pode ser amedrontadora" (SCHUCMAN, 1999, p. 232). Muitas vezes, o medo e a angústia são meras ilusões. A sua realidade pode, e é, mais linda do que pinta a sua imaginação.

§

Johann Goethe uma vez disse: "A maneira como você vê as pessoas é a maneira como você as trata, e a maneira como as trata é o que elas se tornam".[30]

Portanto, pense bem na forma como você se relaciona com o outro, pois o retorno disso nada mais é do que um espelho das suas próprias atitudes. O inverso é verdadeiro. Então respeite e exija respeito. Tudo o que é recíproco é mais admirável e tende a ser duradouro. Paz e Luz!

§

Quando não souber o que fazer, nem para onde ir, silencia a mente e ouve a Voz de sua Alma. Ela lhe indicará o caminho correto, mesmo que a princípio pareça ser o caminho diferente dos seus anseios. Tens o direito de questionar, ou até mesmo negar o que for indicado. Porém, pensa bem, pois a Voz de Tua Alma quer apenas o teu Bem e o Bem de todos os que cruzam o teu caminho, mesmo que por uma fração de segundo. Vide o capítulo sobre Intuição.

§

"No momento em que nos comprometemos, a providência divina também se põe em movimento. Todo um fluir de acontecimentos surge ao nosso favor. Como resultado da atitude, seguem todas as formas imprevistas de coincidências, encontros e ajuda, que nenhum ser humano jamais

---

[30] Disponível em: https://www.pensador.com. Acesso em: 25 de junho de 2022.

poderia ter sonhado encontrar. Qualquer coisa que você possa fazer ou sonhar, você pode começar. A coragem contém em si mesma o poder, o gênio e a magia" (Goethe).[31]

§

Forte Oração de guarda e proteção:

Senhor, ensina-me a esperar pelo Teu Tempo.
Segura firme minha mão e aumenta minhas forças, na caminhada da vida.
Conduz-me pelo melhor caminho, guiando meus passos.
Protege-me de todo o mal.
Aumenta minha Fé e renova a cada dia a minha confiança em Ti.
Que assim seja!

§

OS 10 MANDAMENTOS DOS SERES ESTELARES PARA OS TEMPOS ATUAIS:

1. Tenha consciência de que você veio para fazer seu processo evolutivo. Portanto seu foco principal deve ser você, e não o outro, a quem você deve apenas amar e respeitar.
2. Para receber orientações divinas, é necessário trazer silêncio à sua mente para captar a orientação sem interferência humana.
3. Para trazer mudança em suas realidades, é preciso confiar nas informações recebidas (intuições) e segui-las.
4. Tenha consciência de que seu plano de vida está sendo assistido por hierarquias superiores, portanto, sinta-se amparado e confie na ajuda Divina.

---

[31] Disponível em: https://www.pensador.com. Acesso em: 25 jun. 2022.

5. Procure retirar de seu interior as informações de medo, dúvida, preocupação, ansiedade e substitua por confiança, coragem, determinação e foco.

6. Tenha consciência de que é capaz de transformar as situações ao buscar orientação divina. As soluções não estão na 3D, mas nas frequências mais elevadas.

7. Lembre-se que você atrai o que vibra. Preste atenção aos seus pensamentos, sentimentos e ações. A mesma energia que você emitir retornará a você potencializada.

8. Sua verdadeira intenção será sentida a partir da sua vibração. As energias de mentira e interesse estão sendo mostradas por meio das retiradas dos véus.

9. Entenda que sua elevação de frequência ocorrerá a partir da mudança de sua consciência (pensamentos elevados, sentimentos divinos e ações amorosas).

10. Ao mudar sua faixa vibratória, elevará sua frequência, permitindo que suas lições sejam experimentadas com felicidade, entendimento e sem esforço. Suas ações serão manifestadas com equilíbrio, harmonia, paz, serenidade e felicidade.

Tente, sempre que possível, tirar os sapatos e pisar na terra crua, na grama, nas pedras de uma cachoeira, na areia da praia. Pisar diretamente na natureza é muito importante para equilibrar as energias do corpo, da mente e da aura. A Terra puxa para si toda a energia que está "sobrando" em nosso ser. Energia que fica ali parada, travando nosso desenvolvimento. Ao pisar na grama (por exemplo), estamos equilibrando todas as nossas energias. Faça isso regularmente e você se sentirá muito melhor.

§

Palavras de Jesus, durante o Sermão da Montanha:

"São os olhos, a lâmpada do corpo. Se os teus olhos forem bons, todo o teu corpo será iluminado. Se, porém, os teus olhos forem maus, todo o teu corpo estará em trevas. Portanto, caso a luz que em ti há sejam trevas, que grandes trevas serão" (Mateus 6:22,23).

§

As Pirâmides são as formas encontradas no Mundo que mais concentram a Energia Universal. Para que elas tenham tal efeito, devem ser respeitadas as dimensões e orientação — orientá-las com suas laterais voltadas aos pontos cardeais. A Pirâmide de Queóps é formada por um quadrado assentado ao solo e quatro triângulos que sobressaem a esse quadrado. O quadrado mede 228 m (cada lado) e os triângulos atingem a altura relativa de 148 m. Assim sendo, qualquer outra pirâmide, para ter o efeito desejado, deve ter dimensões em escala exata à Pirâmide Original — como, por exemplo, 22,8 cm de lado, com 14,8 cm de altura. A maior concentração da Energia está no centro da pirâmide, mas essa energia se manifesta além do seu interior, também fora da pirâmide. A Energia atua em 1/3 do seu tamanho nas laterais e até 7 vezes o seu tamanho abaixo dela. São vários os benefícios dessa energia, principalmente, o benefício da revitalização, além de aumentar a sintonia com a Energia Primordial do Universo. Que tal colocar uma Pirâmide em cima do filtro de água? Fica a dica.

§

Olha que mensagem sensacional, tirada da Bíblia: "Tomando sobretudo o escudo da Fé, com os quais podereis apagar todos os dardos inflamados do maligno" (Efésio 6:16).

Essa frase diz tudo sobre ter Fé para vencer o mal, seja ele de origem humana ou não.

§

Os metais, quando muito próximos de nosso corpo, atrapalham o bom fluxo de energia durante uma meditação ou um trabalho espiritual. O correto antes de qualquer trabalho é tirar todas as joias, bijuterias, relógios, tudo o que for de metal. Ou mesmo grandes objetos de metal que estejam próximos a você. Essa dica só não se aplica se você tiver um objeto que está ligado a você de modo muito especial. Eu, por exemplo, costumo usar um anel que é de metal com a imagem do AUM. Só isso também, pois qualquer outra coisa de metal eu tiro, quando vou trabalhar. A meditação é mais eficaz com roupas leves, ambiente agradável e o mínimo de metal por perto (TV ligada e celular então... sem comentários). Bom trabalho!

§

Não procure Deus olhando para o céu. O procure em cada par de olhos, nas árvores, nas montanhas, em cada abraço e também nos animais. Como? Quando você enxerga Deus dentro de você mesmo, verá que é fácil O reconhecer em todos os lugares (Sri Ravi Shankar).

§

Nem sempre nossas orações são atendidas, mas sempre são ouvidas. Deus conhece nossas Reais necessidades e age para supri-las no momento exato em que elas terão o maior efeito benéfico em nossas vidas. Orai e Vigiai. Orai e Confiai. Namastê.

§

Dica para melhorar seu ambiente profissional: ponha em sua mesa de trabalho uma Turmalina Negra e uma Ametista. A Turmalina puxa as energias negativas, purificando o ambiente. A Ametista acalma o sistema nervoso, ameniza o estresse, aumenta a capacidade da memória e a motivação. Bom trabalho!

§

Quer agradecer a Deus pela sua vida? Com um simples momento de reflexão, paz e serenidade, você pode fazê-lo. Quer orar em Gratidão? O Salmos 92 é o mais indicado para tal. Lembre-se, agradecer por todas as graças é um ato nobre e eleva nossa Alma.

"Bom é render graças ao Senhor e cantar louvores ao teu nome, ó Altíssimo. Anunciar de manhã a Tua misericórdia e, durante as noites, a tua fidelidade, com instrumentos e com a solenidade da harpa. Pois me alegraste, Senhor, com os teus feitos. Exultarei nas obras das tuas mãos" (Salmos 92:1,4).

§

Se você passar o dia inteiro com alguém muito rico, sua conta bancária não vai aumentar. Se você passar um dia inteiro com alguém de rara beleza, você não vai ficar mais bonito. Porém, se você passar um dia inteiro com alguém feliz, de riso fácil, alegre e que sempre tem uma conversa solta e positiva, você voltará para sua casa bem mais feliz. Cerque-se de pessoas lindas e ricas por dentro, pois isso sim é contagioso! (Yoganda)

§

Tarefas difíceis fazem parte de nossa existência, de nossa Evolução. Porém, lembre-se: a partir do momento em que algo se torna "difícil", automaticamente deixa de ser "impossível"! Não é verdade? Pense nisso, com sabedoria. Vá em frente!

§

"O que somos é um presente de Deus. O que nos tornamos é o nosso presente para Ele" (Emmanuel)

§

A oração é um momento mágico, único, em que devemos dispor de toda nossa Fé e Atenção. Devemos orar, mentalizando nosso objetivo, que pode ser um pedido, um agradecimento, ou mesmo uma intenção de servir a Deus e/ou ao próximo. Porém, se for para orar pensando na novela ou no trabalho que você tem que fazer amanhã, então nem perca o seu tempo. E nem o tempo de Deus. A oração não é a simples repetição de palavras pré-decoradas. A oração é um poderoso mantra e, ao orar, faça com Fé e Atenção naquilo que você está comunicando ao Pai. Pois só dessa forma ela trará resultados. O meu texto sobre "Egrégora" fala um pouco sobre isso. Mais vale um simples "Amém" recitado com a Fé da sua Alma do que rezar 10 terços inteiros pensando no próximo jogo de futebol. Como disse o Mestre Jesus: "Pedi com Fé e recebereis".

Durante o Sermão da Montanha (Mateus; Cap. 4), Jesus disse:

"Quando orardes, não façais como os hipócritas, que gostam de orar de pé nas sinagogas e nas esquinas das ruas, para serem vistos pelos homens. Em verdade eu vos digo: já receberam sua recompensa. Quando orares, entra no teu quarto, fecha a porta e ora ao teu Pai em segredo; e teu Pai, que vê num lugar oculto, recompensar-te-á. Nas vossas orações, não multipliqueis as palavras, como fazem os pagãos que julgam que serão ouvidos à força de palavras. Não os imiteis, porque vosso Pai sabe o que vos é necessário, antes que vós lho peçais".

Bom trabalho!

§

Sabe, eu vejo muitas pessoas dizendo simplesmente que entregam a situação nas mãos de Deus. É importante, mas não é totalmente adequado, pois Ele espera mais de nós. Então diga: "Senhor, eu entrego em NOSSAS mãos, pois conto com a Tua Providência e as minhas atitudes". Fé e Atitude realmente fazem a diferença!

§

Seu mental, seu espiritual, seu emocional e seu físico, todos necessitam ser fortes, puros e saudáveis. Trabalhe o seu físico para fortalecer o seu mental. Enriqueça o seu espiritual, para curar seu emocional.

§

Quem aqui acha que acender um incenso é bom? Eu particularmente sempre acendo um, principalmente, antes de meditar ou escrever algo. Sempre que possível, acenda um também. É comum vermos um incenso aceso, em várias linhas religiosas e filosóficas, geralmente com a função de limpeza e elevação das vibrações.

Cada tipo de incenso tem uma função específica, por exemplo:

Alfazema = limpa os ambientes das energias densas;

Âmbar = afasta energias de inveja;

Camomila = efeito relaxante;

Flor de Laranjeira = aumenta o magnetismo pessoal, provoca atração entre pessoas;

Jasmim = aumento das energias espirituais, bom para ser usado em meditações;

Ópium = afasta a tristeza;

Rosa = traz paz e harmonia;

Violeta = transmuta a negatividade em pessoas e ambientes.

§

"Se quiseres acordar toda a humanidade, então acorda-te a ti mesmo. Se quiseres eliminar o sofrimento do mundo, então elimina a escuridão e o negativismo em ti próprio. Na verdade, a maior dádiva que podes dar ao mundo é aquela da tua própria autotransformação" (Lao Tzu).[32]

§

Quando a alegria de outra pessoa for a sua alegria, então você terá entendido o pleno significado de Amar.

§

Uma boa leitura traz conhecimento, é claro! Mas uma "Leitura com Reflexão" vai um pouco além. O conhecimento é uma fração daquilo que conhecemos como Sabedoria. Leia muito, mas faça uma leitura crítica. Leia, interprete e tire suas conclusões.

Citando o filósofo inglês John Locke: "Ler fornece conhecimento à mente. Pensar incorpora o que lemos".[33]

Já a "Experiência" também é uma fração daquilo que compõe a Sabedoria. Portanto, a cada nova Experiência de vida, agregue-a também à sua Sabedoria, à sua Essência de Vida.

Como podemos perceber, o conceito de Sabedoria é formado por uma série de variáveis que se complementam e que temos sempre que buscar! E em virtude disso é importante termos consciência de que o Universo em si é uma verdadeira busca. Uma busca que nunca acaba, pois a evolução é contínua e eterna. Saiba que somos um pedacinho de Deus e que não temos limites para criar, para acreditar, para construir, para buscar, para Descobrir, em prol de um Mundo Melhor.

---

[32] Disponível em: https://www.pensador.com. Acesso em: 13 ago. 2020.

[33] Disponível em: https://www.escritas.org. Acesso em: 14 out. 2018.

§

Não é à toa que a palavra *CORAÇÃO* tem uma *ORAÇÃO* dentro dela. Pois toda oração deve ter origem no coração, e não na razão/intelecto.

Não é à toa que a palavra *CALMA* tem uma *ALMA* dentro dela. Toda alma precisa de paz verdadeira em CRISTO para permanecer tranquila.

Não é à toa que o verbo *AMAR* tem um *MAR* inteiro dentro dele. Pois o amor é imenso e profundo como o mar.

E também o *EU* precisa estar dentro de DEUS para encontrar-se e completar a si mesmo.

*Conclusão:

É na *Oração de *Coração que a *Alma acha a *Calma e é inundada por um *Mar de amor divino, onde o *Eu louva a Deus.

Desconheço o autor.

§

Quando você se propõe efetivamente a servir, seja de forma contínua, ou de forma pontual, Deus irá capacitá-lo para essa ação. Quando você, de forma altruísta e com uma intenção de Luz, resolver servir, Deus lhe fornecerá as ferramentas necessárias para o seu êxito.

Veja esta passagem, e perceba o quanto esta afirmação é real:

"Eu estou aqui, para ser verdadeiramente útil.

Eu estou aqui para representar Aquele que me enviou.

Eu não tenho de me preocupar com o que dizer, ou o que fazer, porque Aquele que me enviou, me dirigirá.

Eu estou contente em estar onde quer que Ele deseje, sabendo que Ele vai comigo.

Eu serei curado, na medida em que eu permitir que Ele me ensine a curar."

Vale uma boa reflexão, não é verdade? Texto tirado do livro *Um curso em milagres*, canalizado por Helen Schucman (1999, p. 30).

§

Sinceramente, eu acredito no fator SORTE, consequentemente, tenho de acreditar no fator AZAR... Muitos dizem: "eu faço minha própria sorte" ou "eu faço meu próprio destino", e eu creio que essas pessoas estão 90% corretas. Pois são suas vibrações, pensamentos, atitudes e intenções que o levam a trilhar a Vida, com o Livre-Arbítrio de cada um e as consequências que virão. Porém, existem situações que escapam totalmente de nossas ações, vibrações e anseios e ocorrem sem que tenhamos qualquer controle desse acontecimento, que pode ser bom.... ou ruim...

Será que esses acontecimentos poderiam ser chamados (em um conceito mais amplo) de Sorte ou Azar? Ou vai muito além disso?

"Somos insignificantes. Por mais que você programe sua vida, a qualquer momento tudo pode mudar" (Ayrton Senna).

§

Se você apagasse todos os erros de seu passado, você apagaria toda a sabedoria de seu presente. Desconheço o autor.

§

"Uma semente cresce sem som, mas uma árvore cai com um ruído enorme. A destruição tem ruído, mas a criação é silenciosa. Este é o poder do silêncio: crescer silenciosamente" (Confúcio).

§

"Procura visualizar sempre tua aura brilhante, para que mantenhas afastada qualquer tipo de energia que te prejudique. Não temas nada nem ninguém, pois Nós, da Fraternidade Branca, damos proteção especial àqueles que se dedicam, sinceramente, à Evolução individual e coletiva". Mensagem da Mestra Nada, da Grande Fraternidade Branca.[34]

---

[34] Disponível em: htpps://portaldasesmeraldas.com.br. Acesso em: 21 jan. 2021.

§

Como fazer o Mundo reconhecer seu valor? Não tente!

Dê o seu melhor, mesmo que ninguém veja, faça o seu melhor, sem esperar nada em troca. O reconhecimento vem de Deus e a volta é a vida quem dá!

§

Sim, eu acredito em Milagres.

Sim, eu acredito na Providência Divina.

Sim, eu acredito no poder da Fé.

Sim, eu sou Grato. Amém!

§

A Fé torna as coisas possíveis, não fáceis!

§

Realmente é difícil "ter pensamentos positivos" o tempo todo. Existem situações que nos abatem e é difícil fugir de algum sentimento depressivo, de alguma tristeza. Coisas que acontecem, alheias às nossas vontades. Mas lembre-se: ESTAR negativo por alguma circunstância pontual é uma situação até natural do ser humano. Mas SER negativo grande parte do tempo é um perigo. É um ímã constante que irá atrair seres com a mesma vibração. E esses seres, além de sugar a Luz restante, ainda contribuirão cada vez mais para o mal-estar da pessoa "encostada". Portanto, nunca se deixe abater gravemente. Levante a cabeça, faça uma boa oração, dê um sorriso e siga em frente com Paz e Serenidade.

§

E tudo o que a gente precisa é: Acreditar! Acreditar que os dias difíceis passam, que as coisas boas acontecem no tempo certo, que o que é para ser nosso vem ao nosso encontro. Que o mal não prevalece, que somos guardados, protegidos e abençoados por Deus e que não há nada nesta vida que O impeça de agir por nós!

§

"Evite se tornar uma pessoa viciada em reclamar da vida. Pois a palavra RE-CLAMAR significa CLAMAR ao universo que lhe mande mais daquilo que você está odiando atrair para o seu destino. Use o seu poder mental, emocional e espiritual de forma favorável ao seu objetivo e comece a agradecer diariamente por tudo que você tem de bom na sua vida. Porque a palavra AGRADECER significa: Fazer A GRAÇA DESCER. Ou seja, quando você expressa gratidão, a sua presença torna-se como um ímã que só atrai coisas boas" (Evaldo Ribeiro).[35]

§

Sempre que vou iniciar um trabalho de meditação e oração, eu começo pelo Salmos 5, versículos 1, 2 e 3.

Veja:

"Dá ouvidos às minhas palavras, ó Senhor, atende à minha meditação.

Atende à voz do meu clamor, Rei meu e Deus meu, pois a ti orarei.

Pela manhã ouvirás a minha voz, ó Senhor; pela manhã apresentarei a ti a minha oração, e vigiarei" (Salmos 5:1-3).

Essa é uma boa forma de abrir os canais de comunicação com o Divino. Experimente!

§

Quando estiver sentindo medo, receio, um pensamento sobre algum fato que o esteja incomodando, leia estas palavras, retiradas do livro *Um curso em milagres*:

"Não vamos guardar pesadelos, pois são oferendas impróprias para Cristo e, portanto, são dádivas impróprias para ti. Tira as cobertas e olha para o que temes. Só a antecipação te amedrontará, pois a realidade do que

---

[35] Disponível em: https://pensador.com. Acesso em: 14 set. 2020.

não existe não pode ser amedrontadora" (SCHUCMAN, 1999, p. 232, parágrafo 5).

Muitas vezes, o medo e a angústia são meras ilusões. A sua realidade pode e é mais linda do que pinta a sua imaginação.

§

Durante toda a nossa vida, procuramos sempre desenvolver nossa capacidade racional, intelectual e nossa consciência. Mas deixamos de desenvolver a sensibilidade de nosso Inconsciente. Temos de desenvolver a nossa parte inconsciente, pois é aí que estão todas as respostas. No consciente está nossa mente racional e no Inconsciente está nossa intuição. Tente, em determinados momentos, deixar-se levar pela intuição, sem os questionamentos inerentes de seu Ser Racional.

Estes exercícios podem te ajudar:

- Tente enxergar as nuances que existem na escuridão total. Com um pouco de tempo e paciência, elas irão aparecer;
- Olhe atentamente para alguém e feche os olhos. Preste atenção na imagem que seu cérebro guardou, pois nessa imagem aparecerão coisas que seus olhos não viram... Experimente!

§

A vida passa e ficam as sementes. Bem-aventurados os que semeiam o bem!

§

"Areja tua mente. Aquieta tua personalidade. Trabalha internamente no silêncio e vai ao encontro de tua alma, de tua essência. Somente Ela poderá saciar tua sede de sabedoria, força, equilíbrio, harmonia e amor. Prepara-te. Confia naqueles que teu coração permitir, caso contrário, silencia" (Mitreia, da Grande Fraternidade Branca).[36]

---

[36] Disponível em: https://www.portaldasesmeraldas.com.br. Acesso em: 24 jan. 2021.

§

A sua alegria hoje pode ser fruto da Oração de alguém. Permita-se ser abençoado, iluminado, por quem te quer bem. Essa energia neutraliza e afasta toda a negatividade que porventura estaria ao seu redor, trazendo até ti bons fluidos. Ore a alguém e mude a vida deste Ser Amado.

§

Hoje eu gostaria de apresentar uma breve Meditação, que uma pessoa de muita sabedoria me ensinou há muito tempo, no começo de minha vida profissional. Ela disse que me ajudaria a "abrir portas" e a atrair boas vibrações todas as manhãs, para enfrentar cada dia, cada desafio, com mais determinação e sucesso.

££

A Divina Ordem toma conta da minha Vida;

Hoje, todas as coisas funcionam para o meu Bem;

Este é um novo e maravilhoso dia para mim;

Tudo o que eu fizer vai prosperar;

O Amor Divino me cerca, me envolve, me absorve;

Sou um ímã mental e espiritual, atraindo todas as coisas que me abençoam e me fazem prosperar;

Hoje eu vou alcançar um sucesso maravilhoso em todas as minhas tarefas;

Eu sou realmente muito Feliz!

Que assim seja e assim será.

££

§

"O bem que você faz hoje pode ser esquecido amanhã. Faça o bem assim mesmo. Veja que, ao final das contas, é tudo entre você e Deus! Nunca foi entre você e os outros" (Madre Teresa de Calcutá).

O bem maior que você pode fazer pelo outro é o bem altruísta, ou seja, sem esperar nada em troca.

§

Hoje vou apresentar um trecho do Sermão da Montanha, dito pelo nosso Mestre Jesus, em seus anos de Pregação. Perceba que Ele comenta que nossa Fé, nossa Faixa Vibratória, nossa Comunicação com os Seres de Luz se dá INTERNAMENTE... e não externamente como muitos pensam. Um sentimento, um olhar, uma lágrima, uma emoção, valem mais do que simples palavras ditas ao vento. Vejam:

"E quando orares, não sejas como os hipócritas, pois se comprazem em orar em pé nas sinagogas e às esquinas das ruas, para serem vistos pelos homens. Em verdade vos digo que já receberam o seu galardão.

Mas tu, quando orares, entra no teu aposento e fechando a tua porta, ora a teu Pai, que vê o que está oculto; e teu Pai, que vê o que está oculto, te recompensará.

E orando, não useis de vãs repetições, como os gentios, que pensam que, por muito falarem, serão ouvidos.

Não vos assemelheis, pois, a eles, porque vosso Pai sabe o que vos é necessário antes de vós lho pedirdes" (Mateus 6:5-8).

§

Oração é quando você fala com Deus. Meditação é quando você ouve Deus.

§

As coisas não acontecem por um mero acaso. Tudo tem uma razão de ser. Não tente encontrar explicações lógicas para aquilo que não tem explicação. Preocupe-se apenas em tirar o máximo aprendizado de cada situação. Se uma folha caiu de uma árvore no meio da Floresta Amazônica, é porque essa folha tem uma função a desempenhar com a Natureza e até (mesmo que indiretamente) com nossas Vidas. Tudo tem um propósito. Portanto, temos de encarar cada desafio com serenidade, sabendo balancear a razão, a emoção, a sabedoria inata... e a Fé.

§

MANTRA DO DIA

Escolho criar este dia através da maneira como me sinto. Decido focar-me nas coisas boas. Agradeço pelas bênçãos presentes em minha vida. Estou reenergizado e pronto para viver este dia da melhor maneira. O que quer que aconteça, sei que o que importa é aquilo que sinto. Hoje, a minha prioridade é sentir-me bem. Ser Feliz não é apenas um Estado de Espírito. Vai além, pois a Felicidade é intrínseca à nossa mais pura essência. Momentos difíceis fazem parte de nossa existência, mas como reagimos a cada situação é o que vai determinar o Bem-Estar de uma Vida regada com momentos que possuem um efetivo significado. Dê significado às situações e você estará caminhando ao encontro de uma Vida Plena e carregada de Bênçãos. Assim seja!

§

A Vida não tem replay para o corpo, apenas para a Alma. O que você faz aqui terá influências também na sua próxima existência. Por isso, pense bem em cada atitude e cada vibração. Você pode estar manifestando a sua Paz agora e também em um futuro mais distante. Seja Bom!

§

Assim como o Dia e a Noite, precisamos vivenciar momentos de Escuridão, para entendermos o que é a Luz. E precisamos vivenciar momentos de Luz, para entendermos o que é a Escuridão. Só assim podemos ter referências em nossas vidas. Sem referência não existe aprendizado. Sem aprendizado não existe EVOLUÇÃO.

§

Quando uma criatura humana desperta para um grande sonho e sobre ele lança toda a força de sua alma, todo o Universo conspira a seu favor (Johann Goethe)

§

Precisa de proteção espiritual? Ore o Salmos 70 e tenha um gato.

Precisa de proteção material? Ore o Salmos 91 e tenha um cão. Adotar é um ato de Amor Supremo!

§

"A melhor maneira de aplicar a Lei da Doação — de começar o processo de circulação de energia — é decidir que a qualquer momento você vai entrar em contato com outra pessoa, dando a ela alguma coisa. Não é preciso que sejam coisas materiais. Pode ser uma flor, um elogio, uma oração. Na verdade, as formas mais poderosas de dar são imateriais. As dádivas de um carinho, atenção, afeto, apreço, amor são as mais preciosas e não custam nada. Quando você encontrar alguém, ofereça-lhe uma bênção silenciosa, deseje felicidade, contentamento, alegrias. Esses presentes silenciosos são poderosos". Trecho extraído do livro *As sete leis espirituais do sucesso*, do autor Deepak Chopra (1998, p. 32).

§

Cultive bons pensamentos.

Rodeie-se de pessoas gentis e positivas. Tenha boa intenção em todos os seus atos. Faça com dedicação e determinação. Lute com serenidade nas adversidades. E consequentemente você estará de bem com a vida.

§

Sabe quando a areia está quente, mas você não se importa, pois sabe que está correndo para o mar? Viva assim em relação aos problemas que estão diante de seus sonhos! Absolutamente tudo tem uma solução.

§

Segue tua vida com Fé, ouve a tua intuição. Quando não souberes o que fazer, esvazia a mente e aguarda, que a resposta virá! E tenha ciência de que Tua Alma, Tua Luz, sempre te dirá a verdade. Jesus caminhou sobre as águas, pois, em momento algum, ele racionalizou sobre as Leis Físicas que o fariam afundar. Ele simplesmente FOI, guiado pela sua Fé Infinita, pela voz da Sua Alma.

Como disse Mestre El Morya da Grande Fraternidade Branca:

"Entrega-te ao Caminho Interno sem racionalizar. Procura sentir as energias e entender com o coração os 'sinais' que tua alma envia".[37]

A questão não é "ver para crer", mas sim "CRER PARA VER". Acreditem.

§

Quando sair, ore. Quando voltar, agradeça. Você não faz ideia de tudo o que Deus te livrou nessa ida e volta!

§

Não meça sua felicidade pela felicidade dos outros. Não se compare a ninguém, pois você é um Ser único no Universo, portanto, incomparável! Não queira ser mais do que ninguém. Queira apenas transpassar as SUAS PRÓPRIAS limitações. Não meça a felicidade alheia, mas perceba a INfelicidade alheia. Para que você estenda sua mão no sentido de poder ajudar alguém que está sofrendo algum infortúnio. Esse é o real sentido desta "roda" de sentimentos chamada "Felicidade".

§

Para alcançarmos a Plenitude, nossa Vida deve estar em movimento constante, o que certamente irá gerar um turbilhão de emoções oscilantes, responsáveis por vários aprendizados. Somos lançados em situações alheias às nossas vontades, mas, no final de cada uma delas, temos a sagrada e gratificante sensação de mais um obstáculo que foi transposto, com luta, garra, determinação e Fé!

§

Todo mundo fica bonito com uma boa Luz. E ela vem de DENTRO!

§

Vou repassar a vocês uma lição do livro *Um Curso em Milagres*. Esta frase traduz todo o conteúdo do livro e pode significar que criamos em nossa

---

[37] Disponível em: https://www.portaldasesmeraldas.com.br. Acesso em: 23 jan. 2021.

mente situações irreais que nos causam medo e danos. Mas nada disso é efetivo na realidade, pois a realidade é uma só: o Amor de Deus para com seus filhos. Portanto, perca a preocupação e alimente-se de Fé. Preste atenção, reflita sobre esta mensagem, e perceba o quanto ela é verdadeira: "Nada Real pode ser ameaçado. Nada irreal existe. Nisso está a Paz de Deus" (p. 2). Reflita sobre o que é irreal e sobre o que é Real em sua vida. E você estará em Paz... na Paz de Deus.

§

O medo tem alguma utilidade, mas a covardia, não (Mahatma Gandhi)

§

Hoje vou lhes deixar uma frase curta, porém, com um grande significado. Sugiro uma sincera reflexão sobre ela: "Não esqueças do Reino de Deus, por coisa alguma que o mundo tenha a oferecer". Frase extraída do livro *Um curso em milagres*, capítulo 8 (SCHUCMAN, 1999, p. 158).

§

A Luz Violeta (Sétimo Raio, de Saint Germain) é a Luz da transmutação das energias negativas, ou seja, ela "transforma" energias negativas em positivas (explicação resumida). Ao iluminar-se na Luz Violeta, tome um certo cuidado para não deixar "buracos" em sua Aura. Explico: a Luz Violeta puxa a negatividade e a leva ao astral para a transformação, o que não é um processo instantâneo. Sendo assim, o espaço de sua Aura, que era ocupado por uma energia negativa, está agora vazio, ou seja, formou um buraco. Dessa forma, ao iluminar-se na Luz Violeta, ilumine-se a seguir com outra Luz, para cobrir os buracos. As mais indicadas são a Luz Azul e a Amarela. Ou até mesmo a Branca.

§

Não se sinta mal se as pessoas lembram de você apenas quando precisam. Sinta-se privilegiado! Pois você é a Luz que vem à mente delas quando há escuridão.

§

Em eventos familiares, ou quando estiver junto de pessoas que ama, imagine a Luz Rosa fluindo por todo o ambiente, abraçando e interligando a todos. Isso também funciona quando você vê duas pessoas brigando, discutindo. Imagine a Luz Rosa ligando os corações (Chakra Cardíaco) dessas pessoas e em poucos minutos elas se tranquilizarão e minimizarão a discussão. A Luz Rosa é o 3° Raio da Fraternidade Branca, e um dos Raios que formam a Chama Trina, representando o Amor Incondicional e Fraternal. Mestra Rowena é o Chohan do 3° Raio.

§

O Amor e a Reciprocidade!

O Amor-Próprio é sempre recíproco. E é esse o que devemos cultivar em primeiro lugar, pois só assim teremos a plena condição de espalhar a semente do Amor aos demais Seres com quem compartilhamos nossas Vidas. O Amor recíproco é absolutamente prazeroso e é aquele que nos causa sensações maravilhosas. É esse que devemos cultivar em segundo lugar (e não menos importante), sabendo que o sentimento mútuo ligará os corações de uma forma Divina e Especial. Mas é com o que devemos tomar mais cuidado, pois, quando o sentimento é apenas de "mão única", temos de avaliar intimamente se vale a pena, investir seus sentimentos mais bonitos e sinceros, em algo que você está apenas espalhando ao vento. E, se isso estiver ocorrendo, tome a devida razão para deixar esse sentimento esvanecer de forma efetiva e natural. Não é um processo fácil, mas necessário para minimizar o sentimento de vazio do amor não correspondido. Sim, lutar por esse Amor até certo ponto é válido, mas partir para outra oportunidade de ser feliz é sublime. O Amor Incondicional é aquele que temos de cultivar acima de tudo, pois ele abrange o Amor-Próprio, o Amor Impróprio, o Amor Compartilhado, o Amor Incompartilhado, o Amor Humano, o Amor Divino, ou seja, ele simplesmente É Amor. E é esse sentimento que irá vibrar no tempo e no espaço de nossa existência Física e Astral. Simplesmente Ame e se deixe Amar!

§

Lição de como minimizar a agonia, baseada nos ensinamentos dos Princípios Herméticos de O Caibalion:

Siga o Princípio da Polaridade. Tudo no Universo possui o seu contraponto. Exemplo: o dia e a noite, a luz e as trevas, o amor e o ódio, o calor e o frio, o silêncio e o ruído, o positivo e o negativo, a alegria e a tristeza etc.

Na realidade, esses contrapontos, em essência, não são condições diferentes, mas, sim, polaridades opostas de uma mesma condição, separadas por uma graduação. Entre o 8 e o 80, existem infinitas possibilidades. Agora veja isto: "Para mudar a vossa disposição de espírito ou vosso estado mental, mudai vossa vibração. Para destruir um índice desagradável de vibração mental, colocai em operação o Princípio da Polaridade e concentrai-vos no polo oposto ao que deseja suprimir. Destruí o desagradável, mudando sua polaridade" (O Caibalion, autor: Os 3 iniciados, p. 161). Isso nos mostra que um estado emocional e o seu oposto nada mais são do que os dois polos de uma mesma coisa e que a Polaridade pode ser invertida pela Transmutação Mental. Por exemplo, se forem acometidos pela Agonia, não tentem combater esse sentimento, mas cultivem a qualidade de seu contraponto, a Alegria, e poderão perceber que essa agonia desaparecerá. Caminhe pela graduação, de forma mental, até atingir o polo de seu interesse. Para minimizar uma qualidade negativa, nós devemos nos concentrar no polo positivo dessa mesma qualidade, e as vibrações passarão gradualmente do negativo para o positivo, até que finalmente ficaremos polarizados no polo positivo. Somos capazes de transmutar! Peço que tente e o resultado poderá surpreendê-lo. Gratidão, Boa Sorte, Namastê.

§

Quando você estiver sentindo uma agonia, que você não sabe de onde vem, lembre-se disto:

"Esperei com paciência no Senhor e Ele se inclinou para mim e ouviu o meu clamor; Tirou-me de um lago horrível, de um charco de lodo. Pôs meus pés sobre uma rocha, firmou os meus passos" (Salmos 40:1,2).

Isso o ajudará a mudar a sua vibração, para que você possa refletir sobre o que realmente está lhe abatendo e tomar as providências necessárias (materiais e astrais) para vencer mais uma batalha.

§

Esta agora é uma meditação no sentido de aliviar uma tristeza, uma agonia. Porém, dessa vez, quando você conhece a origem dessa agonia, um fato, uma situação que está ocorrendo em sua vida, que lhe causa um sentimento desconfortável. Para esse caso, medite nestas breves palavras. Isto irá atenuar a agonia, trazendo-lhe um alento, um alívio, para que você possa resolver com serenidade e força qualquer situação que esteja ameaçando a sua Paz. Estas palavras foram tiradas do livro *Um curso em milagres*, canalizado por Helen Schucman, e diz o seguinte:

"Eu descanso em Deus

Eu descanso em Deus hoje e deixo que Ele trabalhe em mim e através de mim, enquanto descanso nEle em quietude e em perfeita certeza" (SCHUCMAN, 1999, p. 208, Lição 109, Livro de Exercícios).

"Sinta o poder dessas palavras e perceba que você não está só. O Ser Supremo está contigo trabalhando pela sua causa. Isso lhe trará alívio e irá levantar seu Astral, para que você, então, possa combater com efetividade qualquer situação que o atinja" (SCHUCMAN, 1999, p. 224).

§

"Existem dois modos de difundir a Luz: sendo a vela, ou o espelho que a reflete" (Edith Warton).

§

Quem cultiva sua ESPIRITUALIDADE de forma consciente e com sabedoria tende a ser mais feliz e saudável. Somos matéria e astral, e nossas boas atitudes, pensamentos e vibrações ecoam no Universo, que por uma Lei Física básica nos retorna essa Luz..., porém, com um componente especial: o Amor Divino.

§

Antes de ir viajar, recite: "Senhor, volta Teus olhos para o caminho que ora vou trilhar, estendendo a Tua proteção sobre todos os meus passos. Faz com que minha jornada seja repleta de alegria, paz e harmonia. Livra-me dos perigos, dos acidentes e de qualquer situação que possa impedir a plenitude de minha viagem. E que eu regresse ao meu lar com saúde e paz. Que assim seja e assim será". Boa viagem!

§

Leia estas palavras com atenção e com o coração cheio de Fé:

"Pai, nós te agradecemos por garantir-nos que, no final, só haverá desenlaces felizes. Ajuda-nos a não interferir e assim atrasar os finais felizes que nos prometeste para cada problema que podemos perceber, para cada provação que ainda pensamos ter que enfrentar". Assim Seja.

Isso não lhe veio por um mero acaso, afinal, o acaso é o anverso da sincronicidade. Essa Oração foi retirada do livro *Um curso em milagres*, Livro de Exercícios, lição 292 (SCHUCMAN, 1999, p. 468).[38*]

§

As orações e meditações nos fazem muito bem, em todos os aspectos. É importante reservar um tempinho de nosso atribulado dia a dia para nos isolar e meditar em alguns bons pensamentos e orações que com certeza nos farão bem, em todos os sentidos de nossas vidas, seja material ou espiritual. O importante é que esse seja O SEU momento, um momento de isolamento total da rotina diária e que não necessariamente precisa ser muito longo, ou dentro de um quarto fechado. O que nos impede de refletir durante uma caminhada, por exemplo? Cada um faz o seu tempo e a sua hora, mas cuidado para não se isolar demais. Na espiritualidade o conceito de tempo não existe. Então pouco importa se você está ali há 1

---

[38] * Quando você for fazer uma oração, qualquer que seja ela, lembre-se do Princípio da Correspondência, dos Ensinamentos Herméticos: "assim embaixo como em cima, assim em cima como embaixo". Assim sendo, sempre repita a frase a seguir antes de qualquer trabalho de Luz: "Eu elevo meus pensamentos para o Alto e é do Alto que vem a minha vitória".

minuto ou há 2 horas. O importante é a Luz desprendida para você e de você, pois também alimentamos o Universo com nossa Luz, Pensamentos e Vibrações. E cada Luz trabalhada terá um reflexo em sua vida e na vida de pessoas que estão próximas vibracionalmente. Aproveite cada momento.

§

Uma breve visão de "Destino":

O nosso Livre-Arbítrio, nossas ações e pensamentos levam nossas vidas a rumos que nem sempre conseguimos conceber. E nosso DESTINO também é guiado por eventos que temos de vivenciar, independentemente de nossas vontades e anseios. Claro, somos donos de nossas vidas e escolhemos os caminhos que nela traçamos. Porém, temos de considerar os "Rios do Destino", que cruzam nosso caminho, a despeito das escolhas que fazemos. Conhecer alguém, fazer uma viagem, arrumar um emprego específico, um momento de dificuldade, mudar de cidade, estado ou país. Alguns desses fatos são nossos "Rios do Destino" e, por mais diferentes os caminhos que tomamos, eles ocorrem em algum momento de nossa existência terrena. E não há como fugir, pois esses eventos fazem parte de nossos Destinos. São fatos que estão destinados a ocorrer em nossas vidas e cada qual com sua função. Pode ser por Karma, Aprendizado, Evolução, Lição, Missão, seja lá o que for, mas os Rios do Destino cruzam nossas Vidas para deixar sua marca, tal qual está descrito em nosso Caminho Evolutivo.

§

"Transportai um punhado de terra todos os dias e fareis uma montanha" (Confúcio)

Essa frase trata de uma questão principal: Perseverança.

Em todos os campos de nossa Vida, temos grandes e pequenas atitudes. Grandes atitudes geram grandes efeitos, sejam eles positivos ou negativos.

Já pequenas atitudes, tendo um objetivo, trarão um resultado significativo a médio/longo prazo, mas geralmente Positivo! Pois, nesse caso, você tem a plena condição de realizar os devidos ajustes durante o "transporte do punhado de terra".

Que cada um carregue o seu punhado, tendo um foco claro e carregado de boa intenção.

Namastê!

§

Alice perguntou: Gato Cheshire... pode me dizer qual o caminho que eu devo tomar?

Disse o Gato: Isso depende muito do lugar para onde você quer ir.

Alice: Eu não sei para onde ir!

Gato: Se você não sabe para onde ir, qualquer caminho serve (CARROLL, 1865, p. 133).

Felizmente para alguns, infelizmente para outros, nós temos o chamado Livre-Arbítrio. Escolhemos nossos caminhos, baseados em nossos anseios, objetivos e condições. A Vida é uma eterna busca e, se um dia a gente se percebe "sem um objetivo a alcançar", nossos caminhos perdem o propósito.

E se você seguiu um caminho errado, pegue o próximo retorno. Tudo tem um conserto, tudo tem um tempo. Basta saber aonde você quer chegar.

§

Peço que olhem essas passagens, e entendam que tudo em nossas Vidas, ocorrem primeiro no Plano Superior, para então ser materializado em nosso plano (inferior). E quando você entender esse mecanismo, você verá que, com Amor, Fé e Dedicação, você tudo poderá, nAquele que lhe fortalece:

"Busquem, pois, em primeiro lugar o Reino de Deus e a sua justiça, e todas as coisas serão acrescentadas a você" - Mateus 6:33.

"Elevo os meus olhos para os montes; de onde vem o meu socorro? O meu socorro vem do Senhor que fez os céus e a terra" - Salmo 121.

"Assim embaixo como em cima, assim em cima como embaixo" - Principio da Correspondência, O Caibalion.

Tudo isso você pode compilar em:
"Elevo meus pensamentos ao alto e é do alto que vem a minha vitória".

Percebeu? Nada manifesta aqui embaixo, se não for manifestado em cima. Por isso, mentalize os seus anseios e os solte voluntariamente para o Universo, o Plano Superior. Sem pressa, ansiedade ou dúvida. E o retorno, a seu momento, virá. Sua vida em um contexto geral, não está escrita, por isso você tem o livre arbítrio de manifestar as suas melhores condições e desejos de Luz.

Você pensa, logo (aquilo) existe!

§

Imagine dois Mestres Zen lutando com espadas. Apesar de ser uma luta amistosa, eles usam espadas de aço, estritamente afiadas e mortais. Apesar de ser uma luta amistosa, a vida de ambos está em risco, pois o que está em jogo é a vida do oponente, assim como a própria. E ambos não medem esforços para alcançar a vitória, entre ataque e defesa. Eles lutam em profundo estado de meditação, desprendendo-se totalmente do ego e deixando a essência Divina agir por si.

Não há vencedores nem derrotados, pois o grau de evolução é tamanha que ambos se equiparam em habilidade, destreza, e acima de tudo, concentração na Essência Divina

Mas o que eu quero passar com essa estória? Que a nossa evolução é como essa luta de espadas. Na evolução não usamos espadas de plástico ou de madeira pois desta forma o empenho seria efêmero e não nos levaria a lugar algum. Temos que ter intensidade, determinação, usar o aço, vontade ampla de vencer e de viver, pois qualquer jogada errada pode nos "custar caro". E é essa consciência de "custar caro" que temos que ter em mente quando nos acomodamos, deixamos a onda nos levar e lutamos com espadas de plástico. Portanto tenha intensidade, determinação, força e amplitude nas suas ações, pensamentos e vontade de evoluir. Foco na tua Essência Primordial (Divino).

O morno é irrelevante. O intenso te leva a um salto enorme rumo ao próximo degrau. E dessa forma a vitória é comemorada com enorme satisfação. Apenas reflita.

Texto baseado em uma palestra de Hélio Couto.

§

"Use a Lei contra as leis. O Superior contra o inferior. E pela Arte da Alquimia transforme as coisas abjetas em valiosas E será assim que alcançará o triunfo" - O Caibalion.

Pois bem, vamos filosofar:

No mundo existe a Lei Máxima, tratando-se dos Conceitos Divinos e Universais. E as leis efêmeras, criadas pelos homens, que só complicam o que seria tão simples: Amar. E essa lei se aplica a todas as dimensões e planos da existência.

O Superior, que é a sua essência de amor, perdão, gratidão, força de vontade, contra o seu inferior que é a ganância, inveja, a preguiça, a raiva, o comodismo.

A Arte da Alquimia, que é justamente transmutar o abjeto em valioso. Não negue os defeitos da existência, mas trabalhe com razão, emoção, consciência, para que esses aspectos sejam revistos e transformados em lições, aprendizados e ação, no sentido de aprimorar cada oportunidade de evolução.

§

Se eu pudesse passar uma mensagem a uma criança, eu diria: aprendam, estudem, prestem atenção na aula. Saibam quem foi Napoleão, Dom Pedro II, Tesla, Einstein, Osho. Saibam o Teorema de Pitágoras, saibam o e=mc2. Aprendam Física, Química, Biologia, a Matemática, o Português. Saibam o que é o átomo, e do que ele é formado! Conheçam Cinema, Música, Literatura. Aquela estória que dizem: "pra que eu vou usar isso quando crescer?", é uma falácia de pessoas que não querem que o Mundo se desenvolva em Plena Consciência. O conhecimento, sobre diversas vertentes, fará você se diferenciar da grande massa inculta, que nada mais é do que um pedaço de madeira na água, indo e vindo, de acordo a maré. Seja especialista em algo, mas desenvolva a Cultura Diversa. Saiba, tenha conhecimento e interesse em aprender. Leia e assista Documentários instrutivos. Siga o que lhe digo e você nunca será "um ninguém". Você deixará um legado e será uma referência e um exemplo a alguém. E seja Bom, com o conhecimento e experiências que você agregou. Esse é um componente fundamental de todo o Processo Evolutivo. Isso é o que eu diria a uma criança, mas nunca é tarde para começar a desenvolver a Plenitude do Ser.

§

Segue uma mensagem, baseada na Lição 304, do Livro Um Curso Em Milagres. p.475

Tudo o que você enxerga com os olhos do corpo, são percepções, ao invés de fatos concretos. É o ver para crer? Mas esse "ver" é real? É o ver concreto, ou é apenas aquilo que você quer enxergar e identificar como sendo o prazeroso, ou o doloroso? Todos nós temos os sentidos peculiares inerentes ao nosso corpo físico. Esses sentidos atuam, mas quem os interpreta, é você. Essa é a palavra chave: interpretação! E essa interpretação pode tomar várias formas, de acordo com seu Estado de Espírito. Interprete cada sinal, com sabedoria e equilíbrio entre razão, emoção, intuição. Dessa forma, o seu "saber" tomará um formato mais concreto.

Veja o que diz a Lição:

"A percepção é um espelho, não um fato. E o que enxergo, é o meu Estado Mental, refletido fora de mim. Quero abençoar o Mundo, olhando para ele, através dos olhos de Cristo".

§

Bem-aventurada é a nação cujo Deus é o Senhor, e o povo ao qual escolheu para sua herança. - Salmo 33;12

Agora substitua "nação", pela sua Essência e perceba nesta passagem o quanto você é especial, pois a herança é sua. Somos partículas (e frequência) dentro de um Cosmo, mas estamos todos interligados, fazendo parte de uma única Mente Superior: O Incogniscível, aquilo que não temos palavras para explicar, mas apenas para sentir a Sua Presença. Portanto, permita-se ser feliz, com a herança a qual tem todo o direito. Busque sem duvidar e sem demonstrar ansiedade e lhe será concedido.

§

"O acaso vai me proteger, enquanto eu andar distraído" – Epitáfio, canção Titãs.

Se você quer entender essa letra, que é bastante verdadeira, pesquise sobre o "Efeito Zenão", baseado na Mecânica Quântica.

Resumidamente falando, ele diz que se você colocar um foco mental excessivo em determinado ponto da sua Vida, você paralisa a ocorrência desse ponto.

A partir do momento em que você pensar nos seus objetivos e soltar para o Universo, esse objetivo chegará até você, já que não estará colocando total observação nesta meta, porque quando você solta, você acredita que aquele objetivo vai acontecer.

Quando você foca de modo obsessivo e com muita ansiedade, a manifestação é paralisada. Quando você foca com ação, determinação e fé, e "sopra" para o Universo agir a seu favor, a manifestação é concretizada; no exato momento em que esse objetivo lhe trará o maior benefício. Deixa fluir!

FIM

REFERÊNCIAS

BENITEZ, J. J. **Operação Cavalo de Troia I**. Barcelona: Editorial Planeta, 1995.

CARROLL, Lewis. **Alice no País das Maravilhas**. Guildford: Editora do Brasil S/A, 1865.

CHOPRA, Deepak. **As sete leis espirituais do sucesso**. 21. ed.: São Paulo: Editora Best Seller: 1998.

CHOPRA, Deepak, **Saúde Perfeita**, 1.ed. São Paulo; Editora Viva Livros: 1991.

CRICK, Francis. **A hipótese espantosa**: a busca científica da alma. São Paulo: Instituto Piaget: 1998.

INICIADOS, Os Três. **O Caibalion**. 2. ed. São Paulo: Editora Pensamento: 2021.

REVISTA BONS FLUIDOS, São Paulo, Editora Abril, n. 74, jul. 2005.

REVISTA VEJA, São Paulo, Editora Abril, n. 1943, 15 fev. 2006.

SCHUCMAN, Helen. **Um curso em milagres**. São Paulo: Editora Abalone: 1999.

SOCIEDADE BÍBLICA DO BRASIL. Bíblia Sagrada. São Paulo: 1995.

Terra Online. Disponível em: https://tecnologia.terra.com.br/interna/ 0,,OI622004-EI4801,00.html; https://noticias.terra.com.br/mundo/interna/ 0,,OI725726-EI294,00.html. Acesso em: 15 jul. 2008; 16 out. 2010.

O SEGREDO, 2013. Disponível em: https://osegredo.com.br/o-efeito-zenao/ amp/. Acesso em: 19 out. 2022.